がんばらない教育

笑い飯 哲夫

扶桑社

目　次

第7章 子どもと自我

はじめに

僕がちっちゃいころは、近所に月3000円くらいで勉強を教えてくれるおばあちゃんがおって、それがなんだかよかったんですよ。ところが、いま吉本の社員さんに聞いたら、「最近の進学塾は月に6〜7万円はかかる」と。少子化で値段が上がるのはしょうがない部分もあるでしょうけど、金持ちだけが賢くなれるのも変な話やし、もうちょっと安くで教えてくれるところがあったらええのになと思って、10年ほど前に「寺子屋こやや」という補習塾を開いたんです。

週3回で月謝は1万5000円程度です。大阪市は塾代助成が月に1万円出る（※一定の所得制限があります）ので、家計の負担は5000円に収まるようにと考えてこの値段にしました。

現在日本の相対的貧困率は年々上昇していて、家庭環境が理由で塾に通えない子どもが少なくありません。僕は、子どもたちには全体的に勉強して賢くなってほしくて、塾のオーナーはそのための投資だと思ってるんです。

もともとカネを貸すのが好きなんですよね。おもろい後輩にカネを貸すとか……生きたカネを回すというんですかね。なかには返さないヤツもいますけど。人材育成のために子どもたちに投資するのも同じ。ほんまの投資ってそういうことやと思います。

学歴というのは、就職などの場面ではわかりやすくその人の価値を示すものであることは確かなので、僕は学歴社会を批判したいとは思いません。でも、みなそれぞれ特技を持っていると思うので、大学に行くことがかなわない子でも、その特技を上手に引き出してあげる教育の仕組みがあればいいなと常々思っています。

あとは、給付型奨学金の存在や返済猶予・減額などの仕組みについても、親や学校だけでなくウチみたいな塾でも気軽に相談できるようにして、最初から「進学は無理」とあきらめないで済むように力を尽くせたらいいなと思っています。

僕自身は、両親は高卒で共働きの家庭で育ちました。大好きなサッカーの強豪高校に行きたかったので、がむしゃらに勉強してなんとか地元の進学校に進みましたが、大卒のサラリーマン家庭がほとんどの同級生のなかでは結構浮いていたんじゃないかと思います。

こうした環境のなかで大学に進学できたのは、やはりもともとは近所のおばあちゃんが安くで勉強を教えてくれて、学ぶ楽しさを知ることができたから。もちろん、親は親で子どもを育てるためにめちゃくちゃ働いてくれていたのでその点はとても感謝しています。

若いころは、自分の進学については「自力でやりとげた！」と思っていましたが、ようよう考えてみたら周りに支えてもらってできたことなんですよね。若いころはそこに気が付かなかったので、今度は支える側に回れたらと思っています。勉強するだけではなく、困りごとを相談できて、居場所にもなる。学校と家以外の居場所っていいじゃないですか。ちょっと大人になった気がして。

そんな場所が増えたらいいなと思うからこそ、「寺子屋こやや」はゆくゆくは全国展開できたらいいなと思っています。今は大阪だけですが、先生をしていた後輩（ゆでたかの）が、長野県で「住みます芸人」をやっていて。それプラス小屋を借りて、子どもたちに1回500円で学校の勉強を教えているんです。離れた場所でも同じ活動をしてくれている後輩の存在は心強いですね。

それに、なかなか笑ってくれない子どもを相手に、「勉強」というお題で笑いを引き出す方法を考えることで、芸人も話術が磨かれて自信がつくから、教える側が子どもたちを支えているだけじゃなくて、子どもたちに支えられてもいるんですよ。

とまあ、こんな感じで芸人をやりながら塾を続けていたら、『週刊ＳＰＡ！』さんが僕の活動をおもしろがって「教育に関する連載をやってみませんか？」と声をかけてくれたんです。偉そうに教育論を語ったりはできないけども、悩み相談というかたちで、親御さんに何か提案をするくらいならできるかなと思って引き受けさせていただきました。

その連載をもとにいろいろ加筆して、一冊のかたちになったのがこの本です。

仕事に育児に忙しくて、日々精いっぱいという親御さんも多いと思います。

そんなみなさんに伝えたいのは、「がんばらないでいい」ということです。自分で何でもしょいこまずに、人に任せたり、塾でも親戚でも近所の人でも、利用できるもんは利用したらいい。子どもがある程度の年になったら、子どもに頼ってもいい。小学校の高学年にもなると、友達同士で自分がいかに大人かを言いあったりするじゃないですか。「靴下は風呂場で洗ってる」「朝ごはんのパンは自分で焼いてる」て。自分のことを自分でできるのはカッコいいと教えることも教育ですし、生きるうえで一番大事なことですからね。

言葉遣い、学校生活、習い事、お金、性、進路、自我……さまざまなテーマの悩み相談をいただきました。参考になるアドバイスも、まったく参考にならん戯言もあるかもしれませんが、肩の力を抜いてお付き合いいただけたら幸いです。

哲夫が営む補修塾「寺子屋こやや」での学習風景

第1章

子どもと言葉

子どもは親の口調を真似するもの

やはり中学生のころは、父親から「誰に向かって口利いとんのや」と、丸めた新聞で頭を叩かれることがよくありました。ヤンキーにも、「誰に向かって口利いとんのや」と凄まれたりしましたから、その当時から、話し言葉は大事なものだなという感覚を養えたと思います。高校生になると、同級生から「お前の喋り方って、めちゃめちゃ関西弁やな」と言われ、「いや、お前も関西人やから関西弁やんけ」と反論しましたが、今となっては、自分の話し言葉は、かなり地元の古くさい喋り方なんだろうなと認識しています。

おそらく地元の高齢の方々と話す機会が多かったことが原因だと推測しています。祖父は、「ワレまだ寝とんのか」など、基本的に二人称は「ワレ」を使う人でした。ついついそんな用語を吸収してしまっていたのですが、父親やヤンキーのおかげで、目上の人に「ワレ」は使ってはいけないのだと学習できました。時代がどうであれ、話し相手に相応しい用語というものがあるんですよね。そんな対人の文化を美しいと思っていますので、それは途絶えさせることなく子どもに伝えていきたいと思っています。

一人称や二人称の中には自然淘汰されていくものもありますね。「ワテ」や「キサマ」などはそうではないでしょうか。そこで前出の、使う人を選ばなければならない「ワレ」ですが、個人的に、この一人称にも二人称にもなる「ワレ」は淘汰させずに後世に残したい言葉の一つでもあります。殊に、お笑いの舞台においてはすこぶる有効な単語だと自認しています。

「ワーレー」

要するに、代々受け継がれてきた言葉を大事にする感性こそ、子どもに養っていきたいと思っています。方言を綺麗に使う子どもって、かわいくないですか。かわいいですよね。地元を愛する気持ちって、大切だと思いませんか。思いますよね。人間全員が地元を愛しすぎて地元を離れなかったら、過疎も過密もなかったわけです。各々が各々の文化を形成し、長年にわたって至るところで各々の文化を継承してくださったんですよね。そんな大切なものを安直に滅ぼしたくないと思いませんか。思いますよね。だから、地域によって発達したであろう言葉も大切にしたいと考えていますし、子どもに伝えていこうと企んでいます。

さて、喋り方には賢い喋り方とあほみたいな喋り方があります。そして賢い喋り方には、好感の持てる喋り方と憎たらしい喋り方があるように思います。子どもに一番なってほしくないのは、賢いのに憎たらしい喋り方です。もし息子が、「お父さん、先日お尋ねした水上置換についてですが、水上置換に関するお父さんの解説には、3点ほど誤りがありましたよ」みたいなことを言ってきたとしたら、絶対に泣かすと思います。「ワレ、今度そんな喋り方したら、いてまうぞ」と叱ります。そんな事態になるくらいなら、あほみたいな喋り方になってくれることを望みます。「なあなあお父さん、便所にうんこみたいなやつ付いててんけど、あれお父さんのやつちゃうの」と言ってきたら、頭を撫でてあげるでしょう。そして、「トイレって言うこともできるのに、ちゃんと日本語の便所って言うてるとこが心憎いねえ」と称えます。

ということで、偉くない人のほうが偉そうに喋る、偉い人のほうが偉そうに喋らない、という世界の真理を、若いうちに教えることが重要だと思います。そのためにも、子どもたちには稲作を手伝わせるべきだと考えています。なぜなら、だんだん実るほどに垂れてくる穂を見ていると、最高の真理を授けることができるからです。「ただいま」と言って玄関を開けると、少し前のうちの娘や息子は、「ただいま」と言って出迎えてくれました。子どもながらに、同じ言葉を繰り返すことで言葉を覚えようとしていたのでしょう。そんな度に、「ただいま違うで。おかえりやで」と必ず案内を施しました。今となっては「おかえり」と迎えてくれるので、手間が省けたと思っています。つまり、子どもの言葉遣いを大人の理想に導くためには、やはり反復が一番いい方法だと思うんです。何度も何度も、間違った言葉や話し方を訂正してあげることが、国や地域を繋いでいってくれる若い世代にやらなければならない作業だと考えています。

そして結局は、子どもは身近な大人の口調を真似して使います。だから親は、子どもにこういう口調になってほしいと期待する喋り方を、子どもにぶつけるべきだと考えています。絶対に死ねと言いませんし、エモいとも言いません。かっこええなあと言ってますし、綺麗やなあと言っていますし、めっちゃ美味しいなあと言っています。ごめんなあ、ありがとうなあ、と言っています。流行っている言葉のおもしろくないなあと思うやつは使いませんし、その言葉が流行らなくなってから一年ほど経ったころに使って、ツッコみの練習をしてもらいます。

「古う」

ということで、ワレの子どもたちは、かっこええなあ、綺麗やなあ、めっちゃ美味しいなあ、ありがとう、ごめんなさいと言ってくれますが、そんなことよりお父さんの真似をして、うんちの話ばかりします。

嫁が高卒とはね……
お母さん低学歴だもんね！
やめろよ！
……

お悩み

娘が自分を「ちゃん」づけで呼ぶのをやめさせたい

現在小学校6年生になる娘は、一人称が「○○ちゃん」です。そのうち直るだろうとあまり気にしていなかったのですが、小学校中学年あたりからは「そろそろ自分のことは『わたし』と呼ぶようにしようね」と折に触れ注意していました。しかし、6年生になった今も直る気配はなく、「友達も自分のことをちゃんづけで呼んでいる」「妹には注意しないのになんで自分だけ注意するのか」と反論されます。自分が子どもだったころ、中学に入ってからも自分をちゃんづけで呼んでいる子は周りからもバカにされていたので、小学校卒業前には直してもらいたいのですが、どうしたらよいでしょうか。

44歳女性・会社員（夫、長女11歳、次女9歳）

回答

一人称って、なぜこんなにも悩ましいのでしょうか。個人的な悩みではありますが、こうして文章を書いているときに、一人称を使えずにいるんです。なぜなら、しっくりくる一人称がないような気がするからです。僕と書けばかしこまりすぎているし、オレと書けば悪ぶりすぎているし、私と書けば気取っているみたいだし、小生と書いたならそれはもう奇を衒《てら》いすぎているし、なんかどれに対しても抵抗を持ってしまいます。

でもこれが会話となると、その状況に応じた一人称を使えてしまうから不思議です。友達と喋る場合はオレ、目上の人と喋る場合は僕、敬語にならないよう計らいながら目上の人にツッコむ場合はワシなど、なんの抵抗もなく自在に使い分けています。おそらく口が慣れたんでしょうね。ご相談のお嬢さんも、大人が使うべき一人称に慣れていないから、それを使えていないのだと考えられます。

ということで、まずは「わたし」に慣れてもらいましょう。慣れる方法は二つあります。まず一つは、お母さんがお嬢さんを呼ぶときに、「わたし」と呼ぶ方法です。「このノートわたしのか」「わたしもう宿題したんか」のように使ってください。

そしてもう一つは、「わたし」に「ちゃん」をつけて提案してあげる方法です。つまり、「わたしちゃん」を一人称として使うことから始めてもらうわけです。「ちゃん」は人にとって、敷布団のような称号です。あると落ち着きます。おそらくお嬢さんは、「ちゃん」のない呼称に抵抗があるのだと推測できます。僕もそうだったからよくわかります。さて、一段落目で抵抗があると語っておきながら、自然な流れで一人称を表記しました。お嬢さんも、「わたしちゃん」を使っていたら、いつか自然な流れで「わたし」を使うようになると思います。オレがそうだったからよくわかります。抵抗を度外視して一人称を表記しています。

そこそこ成長してもまだ家では自分のことをてっちゃんと言っていたある日、友達が家に遊びにきたことがありました。学校の中で友達と喋るときにはてっちゃんを使わないようにしていましたが、それを忘れていて、家にいた母に向かって、「お母ちゃん、てっちゃんの友達、家に来たで」と大声で言ってしまったのです。それを友達に聞かれたことで赤面し、硬直しました。家での未熟さを痛感しました。友達は驚愕の形相でこちらを見つめていました。その後に周りの大人たちから提案してもらった一人称こそ、「僕ちゃん」だったのです。数日間、家では「僕ちゃん」を使いましたが、次第に「僕」を使えるようになり、間もなく偉そうに「オレ」と言うようになりました。

抵抗は慣れるための教材だと、小生は思っています。

「わたしちゃん」を一人称で使うことから始めよう

お悩み

何でも「論破」しようとする息子の言葉遣いが心配

小学校5年生の息子の友達家族とキャンプに行ったときのことです。「テコの原理で考えたらそんなやり方じゃ（テントを固定する）ペグは抜けないよ」「大きな薪から火をつけて燃えるわけがない」など、友達やそのご家族への話し方が「論破」口調なことが気になりました。息子は現在中学受験に向けて進学塾に通っており、成績も良好で、トップ校を目指しています。塾で蓄えた知識をもとに、論理的に物事を説明できる力が身についたのは喜ばしいですが、そのせいで周囲への言葉遣いが高圧的になっている気がします。向学心をそぐことなく言葉遣いやコミュニケーションを改めてもらうにはどうしたらよいでしょうか。

44歳女性・パート（夫、長男11歳）

回答

ヤンキーにしばいてもらうのが一番いい処方になるのでしょうが、暴力はよろしくないので、他の方法を考えたいと思います。

みなさんは、子どもの頃から貫かれている信念のようなものはありますか。自分にとってのそれはなんだろうと考えたところ、人に嫌われたくないという心情でした。結構そういう人も多いと思いますが、みなさんいかがでしょうか。

また、こんな信念を持ってしまうと、やらなければならないことが発生します。それは、人に嫌われないような言動をする、ということです。そして自動的に、言動のチェック、つまり反省の作用も発動します。ちょっと喋っては嫌われないかなと見つめ直し、ちょっと動いては嫌われなかったかなと見つめ直し、なんていう日々が繰り広げられています。こういうことを曝け出すと、「しんどくないですか」と聞かれたりもします。しかし、答えはいつも同じです。「しんどくはないですよ」「ウォシュレットがなかった時代のケツ拭きのようなものですから」。

息子さんは、お友達から嫌われている雰囲気はなかったでしょうか。もし嫌われている雰囲気を察知なさったなら、息子さんの人生において大きな分岐点になるかもしれませんので、お母さんは嫌われないように諭してあげてください。そして、嫌われてしまう最たる原因が、口調であることも教えてあげてください。一応ですが、教える前に少し褒めておくことも忘れずにお願いします。「あんたの言うてることは正しくて立派やねん。でも、その言い方があかんねん。嫌われる人の言い方やねん」です。

お釈迦さんは多くの人から尊敬されていました。それを僻《ひが》んだ一人の若者が、お釈

鏡となって論破口調の醜さに気づかせてあげて

迦さんに向かって罵詈雑言を並べたそうです。お釈迦さんは、その言葉の数々を受け取りませんでした。そして、「あなたが手土産を持って来て、先方がそれを受け取らなければあなたはどうしますか」「そりゃ、受け取らないなら持って帰るだろ」「あなたの言葉がそれです」と、説法されたそうです。要は、嫌なことを相手に伝えても、相手がそれを受け取らなかったら、発言した自分に返ってくるよということです。嫌な論述もそうかもしれません。

いつか息子さんは、お母さんにも論破口調で話してくる可能性があります。そのときにぜひ受け取らないでやってください。受け取るどころか鏡となって、息子さんに口調の醜さを痛感させてください。つまりお母さんは、息子さんの論破口調を目の当たりにした瞬間、同じ言葉を同じ口調で繰り返すだけでいいのです。楽ちんですね。

もし息子さんが将来ヤンキーになったとして、論破口調のクソガキをしばいていたら、大笑いしますよね。

お悩み

ゲームの影響で息子は「ぶっ殺す」が口癖に

小学1年生の長男が、シューティングゲームの『フォートナイト』にハマって銃撃戦に憧れはじめ、ゲームをしながら「ぶっ殺す」と言い出しました。もちろんゲームの中のことですし、悪ぶった口を利くのも子どものころにはよくある話だとは思うのですが、普段の家族や友達とのコミュニケーションにまで悪い影響が及ぶのではないかと心配です。ゲームに限らず、残虐な表現がある映像やコミックなどに今後子どもが興味を持ちだしたとき、どの程度、そしていつまで親が「検閲」すべきだと思いますか？　また、それによって言葉遣いが悪影響を受けていると感じた場合、親としてどう対応したらいいのでしょうか。

39歳男性・デザイナー（妻、長男7歳）

回答

「キス」「胸」「キラキラ星」「エッチ」「トゥリャトゥリャトゥリャトゥリャトゥリャトゥリャリャ」。

人それぞれ、口から発する前に、なぜか少しためらう言葉ってありますよね。何の作用かよくわからないのですが、言うと恥ずかしいフレーズがあります。それとは別に、言うだけで不幸になりそうなフレーズもあります。「死ね」「殺す」などがその代表です。おそらく、それらを言うなと躾けてもらえたからこんな感性になったのでしょう。

そんな中、独特な精神的回路を周遊して、言うと恥ずかしくもあり、言うだけで不幸になりそうでもあり、それでいて言うとおもしろく、口が喜んでそうなフレーズが関西にはあります。「しばく」です。子どものころから、少し年上の人々が多用する様相がありました。だからこそ真似して使いたい言葉でもありました。意味は、暴力を振るうぞというような雰囲気でしたが、後には「茶しばく」など、使い勝手のいい言葉に変遷していったように思います。

そんな魅惑の言葉をどう扱っていたかと申しますと、専ら友達同士の戯れで交わしていただけでした。しかしそれを誤って、テレビゲームで失敗した父に対して使ったとき、父からものすごい剣幕で怒られたことを覚えています。そういうことではないでしょうか。親に向かって言ってはならない言葉、目上の人に言ってはならない言葉、でも友達には言ってもいい言葉、そんな言葉のすみ分けがあるように思います。

子どもの口調は、いろんな影響を受けて形成されます。親、祖父母、兄弟姉妹、友達、先生、テレビ、ラジオ、入手するあらゆるものから語句や発音を習得しています。クレヨンしんちゃんのまんまでしゃべる子どももしばしば見かけます。それでもやはり一番の仕入れ先は親です。必ず子は親の口調になります。親が「ぶっ殺す」と言っていれば、子は「ぶっ殺す」と言う人になります。親が「ありがとう」と言っていれば、子は「ありがとう」と言います。

残虐な表現の検閲については、フィクションをフィクションだと教えることは文化として重要ですから、フィクションの漫画や映像であれば検閲はいらないと思います。しかし、ノンフィクションの残虐な映像となると検閲は必要です。人として不愉快な動画などは見せないでください。ゲームについては、やり過ぎると視力が落ちます。ほどほどにさせてあげてください。息子さんが長時間ゲームをしていたら、「しばく」と言ってあげてください。いつか息子さんが親の口調を真似して「しばく」と言ってきますので、そのときはものすごい剣幕で怒ってください。

使う言葉にはすみ分けがあることを教えよう

お悩み

息子が高卒の妻のことを見下すような発言をします

小5の息子が、妻を「お母さんは低学歴だから。高卒だから」と見下す発言をして困っています。私の母が妻の学歴をよく思っておらず、妻のいないところで悪く言うのを息子が耳にしたせいだと思います（ちなみに私は一応大卒ですが、そんなにレベルの高い大学ではありません）。母には、そもそも人を学歴で判断するのはおかしいし、子どもの教育によくないと注意したのですが、私がいないときの発言まではどうしようもありません。息子には、将来の選択肢を増やすために大学に進学してほしいのですが、妻への態度を注意しながら大学進学を希望するのは矛盾な気もして、どうしたらいいかわからなくなっています。

42歳男性・自営業（妻、長男10歳）

回答

とりあえず息子さんはしばきの刑ですね。思春期に親を蔑《さげす》むのはよくある通過点だとは思いますが、それに対しての躾は絶対に必要です。より良い大人に成長させてあげるために、お父さんはしばいてあげなければなりません。

前項で「しばく」は使い勝手のいい関西弁だと案内させていただきました。「茶しばく」などのように使います。今回は、口による徹底的な制裁の意味でしばくを使っています。

すみません、不悪口の戒めを怠っておりました。

仏教に三業というものがあって、これは身、口、意の三つを表しています。いつもこれらを綺麗にしておきましょうという教えがあるわけです。また、十善戒という十の戒めがあって、不殺生、不偸盗、不邪淫、不妄語、不綺語、不悪口、不両舌、不慳貪、不瞋恚、不邪見となっています。簡単に説明しますと、殺さない、盗まない、不倫しない、嘘をつかない、飾った言葉を使わない、乱暴なことを言わない、二枚舌を使わない、貪欲にならない、ブチ切れない、ものの見方を間違わない、となります。これらを先ほどの身、口、意に分類しますと、身に対する戒めは、不殺生、不偸盗、不邪淫、口に対する戒めは、不妄語、不綺語、不悪口、不両舌、意に対する戒めは、不慳貪、不瞋恚、不邪見となります。

口に対する戒めが、他のものより一つ多くなっていますね。それほど、口は綺麗にしておかなければならないということです。「口は災いの元」といいますよね。まさに息子さんは、発言によって災いを招いています。もう少しだけ仏教知識をひけらかしますが、楊柳観音という観音さんがいてはります。観音さんは手に柳の枝でできた楊枝を持ってはります。まさに口が災いの元だから、その大元の部分を綺麗にしてあげようというお姿になってはります。病気も、人間関係のもつれも口からですよね。

これも前項の相談で案内しましたが、子どもは必ず親の口調を真似します。お母さまだけでなく、ご自身もいま一度、学歴を揶揄するような発言をしてこなかったか見直していただきたいと思います。また、それ以上に気になるのが、「高卒だから」と、「だから」で終わる口調になっている点です。発言内容の如何にかかわらず、息子さんがこの「だから」で終わる発言をしたときには、必ず「だからなんやねん」と言ってやってください。無責任な「だから」で終わらせず、その後の文章を子どもに一生懸命考えさせることで創造性を育み、作り上げた言葉によっていかに自分がお母さんに対して心ないことを言っているか、痛感させてあげましょう。「お母さんは高卒だから、こんなお父さんと結婚したんだ」。どうですか。しばきでしょ。

親を蔑む発言は徹底的にしばくべき

お悩み

片言のクラスメイトをからかう息子をどうやって注意すべき？

小学校４年生になる息子のクラスには、ご両親の仕事の都合でドイツから日本にきた日本とドイツのハーフの男の子がいます。日本にきてからは３年ほどで、日本語もかなり上達していますが、意味が通じづらかったり、発音が特徴的だったりします。先日、彼を含む数名のクラスメイトがうちに遊びにきたとき、仲良くしながらも、しゃべり方を真似してからかっていました。子どもにありがちなふるまいともいえますが、傷付いている可能性も大いにあります。努力して日本語を学んでいる彼に失礼だからやめるよう伝えたのですが、イマイチ何が悪いのか理解できていないようでした。どうすれば理解してもらえると思いますか？

37歳男性・会社員（妻、長男９歳）

回答

数学の公式を数々覚えてまいりました。とりあえずそれさえ覚えておけば、問題が解けると思っていました。でも大人になって気づいたのは、公式には由来があるということでした。二次方程式の解の公式を覚えていらっしゃるでしょうか。$ax^2+bx^2+c=0$のとき、$x=\frac{-b\pm\sqrt{b^2-4ac}}{2a}$のやつです。当時はこの$x=$の部分を丸覚えしたわけですが、これは、$ax^2+bx^2+C=0$をしっかりと計算した挙げ句に、出てきた答えなんですね。まず全体をaでくくって、カッコの中を$x^2+\frac{bx}{a}+\frac{c}{a}$にするんですね。そして、$x^2+2ax+a^2=(x+a)^2$を利用して、というふうに、とことん$x$＝に向かって追求していくと弾き出されるのが、この解の公式なんですね。

息子さんにも、まず文句なしで公式を教えるのも一つの策だと思います。「日本語が上手ではない子＝しゃべり方を真似したりしてからかってはいけない」というこの公式を、頭ごなしに何度も教えてみてください。公式を覚えるには、反復が最も効果的です。ゆくゆくは息子さんも、その公式の由来を理解していくと考えられます。

それにしても、息子さんはお友達が多そうで素敵なお子さんですね。言動に問題はあるかもしれませんが、どんな環境で育った子でも一様に仲良くなろうとしている姿勢が窺えて、好感が持てます。また、気さくに自宅にも友達を連れてこられる環境も素敵ですし、自宅であっても気兼ねなくみんなと仲良く触れ合えていて、とても微笑ましく思います。もしかしたら、もう既に息子さんは少し大人になっていて、友達をからかった後には謝ったりフォローしたりしているかもしれません。

そんな息子さんには、ぜひ友達の中のリーダーになっていただき、率先して友達に道徳心を広めていただきたいと思います。

思い起こせば、何度も何度も差別はいけないと教えてもらいました。何度も何度も人を見下げてはいけないと教えてもらいました。間違ったら繰り返し繰り返しそれは間違いだと教えてやる、それが教育なんです、と金八先生に教えてもらいました。何度も何度も金八先生のビデオを観ました。お陰さまで、この身体には、これらの法則が消えないものとして太字で内包されるようになりました。般若心経や春秋の七草も、頭で反復しているうちに覚えていました。

「お前が苦手なことを、何度も何度も友達からバカにされたら、お前、辛くないか」。こちらの定理も、何度も何度も繰り返し繰り返し伝えてください。公式、法則、定理など、先人たちはとても有意義なものを残してくださり、またそれらを風化させることなく伝えてくださいました。

公式のように差別はよくないと教えよう

第2章

子どもと学校生活

先生は忙しい。親も忙しい。だから役割を分担しよう

聞いた話ですが、江戸時代の寺子屋でも学級崩壊していたようですよ。座って文字を書く子もいれば、立ち歩きながら何か別のことをしている子もいたそうです。ただこれは、一つの部屋に集まった子どもたちがみな同じものを習っているような、明治以降の授業が存在しなかったことを意味しています。つまり、教える大人は集まった子どもたちに、一人一人別々のことを習わせていたんですね。現代から考えると、随分と自由な教育現場だったんだなあと思ってしまいますが、現代が縛りつけすぎているという論調もあります。

しかし、小学校や中学校などで、当たり前のように座って授業を受けてきた者からすると、授業中に立ち歩いてはいけないという暗黙の規律こそ、辛抱強い精神を養ってくれる一つの仕掛けだったように思います。また、じっと座るだけでなく、屁すらこけないのです。お腹の中に巨大なガスを催したとしても、巨大ガスの放出を我慢しなければならなかったのです。他にも、ちょっと鼻を擦っただけなのに、思わぬでかい鼻くそが

出てきて、それを気づかれないように赤ペンのキャップに押し込まなければならなかったのです。こういったいろんな苦行を通して、授業は精神的鍛錬を与えてくれたと思っています。小学校の通知簿には、いつも「授業中はごそごそしないこと」と書かれていましたけどね。おそらく、おならを我慢するときに、その強烈な圧力に抗うためにごそごそしていたのでしょう。

それにしても、ただ（無料）ほど嬉しいことはないですよね。博多の豚骨ラーメンのお店に行くと、胡麻や紅生姜は、ラーメンのお金さえ払えば別料金を請求されることはありません。だから博多のラーメンを食べるときは、いつも無料の胡麻や無料の紅生姜に絶大な感謝を表しながら、割と多めに投入しています。無料なので、多めになってしまうんです。そういう性格であることを微塵も恥じておりませんが、ラーメン鉢に入れたそれら無料の頂きものを、一欠片も残すことなく胃袋に入れて帰っています。

その点、義務教育の学校も、制服や体操服などの備品にさえお金を払えば、授業料も教科書代も無料です。全ての授業に取り組もうが、気が向いたときだけ授業に取り組もうが、料金は変わりません。これに先ほどのラーメン理論を当てはめますと、うちの子たちには、「ただやねんから、いっぱい情報を仕入れてこい」と指導することになります。

「え、無料の教科書もいっぱい仕入れるってことは、それって一人で同じ教科書を2冊持って帰ってこいっていう指導をするつもりか」という質問には、お答えする気がございません。あからさまな揚げ足取りは、揚げ足を取った文言をそのご本人に持って帰っていただくようにしています。

また、当然のことながら、親同士のコミュニケーションも大事でしょうね。新しい学校に入学するときなんかは、一度、同じ学年の子どもがいるお宅にお邪魔するか、向こうの家族を自分の家に招待しておくと、子ども同士も事前に仲良くなれていいかもしれません。

先生も、できることなら家に招待して、たらふくご馳走を食わせておいたら、上手に恩を売ることができるかもしれません。しかしよくよく考えると、ほとんどの先生が、家庭訪問のときに、「お茶菓子とか小料理とかもう食べ物は出さんといてな。お腹パンパンになるから」とおっしゃっていたので、食わせる作戦は難しいでしょう。でも個人的には、担任となる先生と一緒に酒でも飲みに行って、どういう教育理念をお持ちか、またエロの分野はどういった感性をお持ちかなど、全てぶっちゃけた話をした上で子どもをお任せしたいなと思いますね。願望ですけどね。

まずは、今の先生のやりにくさを理解していきたいと考えています。ちょっと厳しいことを言えばハラスメントな教師、ちょっと異性の生徒に触れればエロ教師、クラブに熱を入れすぎれば暴力的な教師、こんな世の中では、まともな先生が気の毒ですよ。ここで断っておきますが、生徒に対して犯罪を起こす教師なんか、ごくごく僅かなんですよ。子を見てもらう先生なんですから、保護者がやりにくい環境を率先してつくらず、先生が教育しやすい環境を地域ぐるみでつくっていく空気感を蔓延させたいと思います。先生は忙しいです。親も忙しいです。みんな忙しいんです。忙しいから役割分担するわけです。

とにかく地域教育を活発化させることが大切だと考えています。以前はどこの校区にも、おばちゃんがやっているような駄菓子屋がありましたよね。うちの地元では、小学校の校門の前と、小学校からそこそこ離れたところに数か所ありました。子どもたちは、適当に入って、ちょっとだけ買うときもあれば、なにも買わずに店を出ることもありました。ああいったお店を、自治体や地域で投資して設置すれば、なにか地域教育の理想郷が見つかるかもしれません。

また、よその人に子育てを任せられへん、という感覚の人がいるかもしれません。そんな考えに至る一因は、犯罪者の報道にあります。ただ、こちらも犯罪者なんかごくごく僅かな人間で、大多数の人たちは、みんな協力して子育てをしていきたいと思っているんだと信じています。なぜなら、結婚する年齢が以前より遅くなり、夫や妻の両親が高齢者になってからの出産が多い中で、2人目ないしは3人目と子どもが生まれたとき、妻と新生児はしばらく入院生活、しかも夫は仕事で家を留守にするとなれば、誰が上の子の面倒を見てくれるでしょうか。ご近所さんしかありませんよ。もしくはベビーシッターに頼むしかありませんよ。しかし、お金持ちの夫婦が、そこそこ大きくなった子どもを家に残して自分たちはゴルフに行くんだという理由でベビーシッターをお願いしていて、出産などでベビーシッターにお願いするしか上の子を診てもらう術がないという方の予約がとれないとなれば、やはりご近所さんに手伝ってもらうしかないですよね。

トロいんだよバカ野郎!!
ったく
クソ
だな
お前は
ほんとに

お悩み

食べるのが遅い子どもが、給食をストレスに感じている

小学校3年生の娘が、給食の時間が嫌で学校に行きたがらない日があります。好き嫌いが多いわけではないのですが、食べるのが遅く、小食です。ひと昔前と違って完食を強制する指導は学校も行っていないのですが、今の担任は「半分は食べられるよう頑張ろう」と指導をしたり、「今日は●人が残さず食べられました。えらいですね！」と完食した子どもを褒めるので、残さず食べること＝正しいという雰囲気がクラスにも根付いています。そのため、クラスメイトから「また残してる～」とからかわれたり責められたりすることがあるようです。このまま不登校気味になったらどうしようかと心配です。

40歳女性・会社員（夫、長女8歳）

回答

健康で丈夫な肉体は維持したいし、子に授けたいですよね。だからこそ、食に関しては厳しめの規律を設けて自身に課していますし、子にはよく嚙みなさいや、残さず食べなさいなどの指導を施しています。食べてすぐ寝転んでいたら、牛になるよと注意して起き上がらせています。

こちらのお嬢さんは食べるのが遅いとのことですが、健康的な食事の面からしても、それはとてもいいことだと思います。食べるのが遅いのは、よく咀嚼しているということです。そしてよく咀嚼しているということは、そんなにたくさんの料理がいらない、つまり小食だということです。小食は健康の秘訣だと聞いたことがあります。腹八分目ですね。

大食いより小食に越したことはないと思うのですが、給食の半分も食べないとなれば、それは小食どころか微食になり、健康面において心配です。担任の先生が「半分は食べられるよう頑張ってみようか」と指導されている点について、お母さんは少々批判的に考えていらっしゃる様子が行間から窺えるのですが、これは正しい指導だと思いますよ。もし、給食当番の子たちが、お嬢さんの給食だけお相撲さん用と言ってふざけて盛っていたら、それは半分も食べられないでしょうし、その前に担任の先生から注意をしてもらわなければなりません。

また、担任の先生が完食した子どもを褒めるとのことですが、この賛否は難しいところですね。食育やフードロスの観点ではいい指導になりますし、アレルギーや胃袋の個人差という観点からするといい指導とも言えなさそうです。しかし、その教育方針によってクラスメイトにからかわれたり責められたりとなると、それは担任の先生に、からかったり責めたことを徹底的に注意してもらわなければなりません。

ところで、お嬢さんはお菓子をあほほど食べますか。あほほど食べているのであれば、今すぐやめさせてください。小食の意味が変わってきます。

いつも思うことですが、一番おいしいご飯って、なんだと思いますか。この答えは確実に、お腹がぺこぺこに空いているときに食べるご飯ですよ。これは否定できませんよね。否定できる方は、屁理屈の屁が臭い人なので無視します。だから、ご飯前の子どもには、よりよくお腹が空くように仕向けています。自身にもそう課しています。

お嬢さんのお腹がぺこぺこになりそうな活動はなんでしょうか。なわとびかもしれませんし、折り紙かもしれません。水泳かもしれませんし、読書かもしれません。なにか一つ、必ず集中してしまうものをやらせてあげてください。集中すれば必ずお腹は空きます。そうしてご飯がおいしくなれば、それだけで十分ではないですか。

遅くても小食でも、おいしく食べられれば十分

お悩み

擦り傷程度で菓子折りを持って謝罪に行くべき？

息子が小学校の休み時間に友達とふざけていて、うっかり相手の子に擦り傷を負わせてしまいました。相手の子の親御さんとも付き合いがあるので、電話でお話ししたところ「お互いにふざけていて起きたこと。これからは気を付けましょう」と納得してもらったのですが、担任の先生に「今後の関係もあるので菓子折りを持って謝罪に行っていただいたほうがいい」と言われました。男の子同士のじゃれ合い、取っ組み合いで軽い怪我をすることはよくあることですし、わざわざ親が菓子折りを持って謝罪に行くなんて自分が子どもの頃は考えられませんでした。やりすぎだと思うのですが、自分の考え方が古いのでしょうか。

43歳男性・自営業（妻、長男11歳）

回答

古くないですし、考え方が古くてもいいじゃないですか。帯刀するような行動の古さがあれば変革を求められるでしょうが、考え方の古さだけでしたら危害を与えないと思いますので、気になさらなくていいですよ。

敢えて述べますが、ずっと昔の古い人のほうが、今の個人主義的な人より思いりがあったはずです。『はじめ人間ギャートルズ』を観ていたときに、そう感じました。思いやりを育むための古さは残しておくべきだという持論を大切にしています。例えば餅つきとかです。みんなに思いやりがあれば、傷つく人は出てきません。みんなに思いやりがあるにもかかわらず「傷つけられた」と主張する人がいれば、その人は嘘つきです。嘘つきには冷静になりながら新しい時代を紡いでいかなくてはならないし、餅つきには興奮しながら古い時代を温めていきたいと思っています。

あと、相談文から、擦り傷を負わせたら菓子折りを持っていくのが新しいスタイルと感じていらっしゃる節が読み取れますが、そんなわけがありません。ご主人の直感どおり、やりすぎです。これはただ、担任の先生が、親御さん同士の付き合いの深さを知らないだけでしょうね。知っていたら、菓子折りの案内なんかしないでしょう。

そして、それよりまず大事なのが、子ども同士が謝っているかどうかです。謝っていたら、その時点で問題は解決しています。古くから、今も、いや、未来永劫、子どもの擦り傷に関する解決策はそういうもんだと考えています。ただし、皮膚を縫うであるとか、松葉杖が必要であるとか、病院でお世話になるくらいの怪我を負わせたとなると、親の謝罪における線引きはややこしくなります。今回は擦り傷でのご相談ですので、ややこしい話は割愛させていただきます。

息子さんが今後サッカー部に入って、もし練習中に今回と同じくらいの擦り傷をチームメイトに負わせたとして、謝りますか。逆にチームメイトのタックルで息子さんが擦り傷を負ったとして、親御さんに謝ってほしいですか。殊におもしろいテレビを観ている最中に謝りに来られたらどう思いますか。迷惑ですよ。

子ども同士が謝っていれば解決と考えていい

お悩み

息子が学校でほかの児童にバカにされます

小4の息子が、授業中の発表で、自分の考えを整理して話すのが苦手です。時間をかければ少しずつ話すことはできるのですが、授業の進行の都合もあり、先生も最後まで聞かずに話を遮って次に進んでしまうようです。その結果「またわけわかんないこと言ってる」「だせえ」とクラスメイトにバカにされて、家に帰ってきて落ち込んでいることが何度かありました。息子のために授業の進行を遅らせるのは無理でも、せめて周りの児童の態度を注意するとか、先生にはもう少し対応を考えてほしいのですが、要望を出すことでかえって息子が学校生活を送りづらくなるのではという不安もあります。どうしたらいいでしょうか。

44歳男性・会社員（妻、長男9歳）

回答

小学校の発表は、基本的に児童の挙手制ではないでしょうか。先生の出された質問に答える自信のある子が「ハイハイ」と手を挙げ、先生が指名する仕組みです。あの仕組みで考えると、手を挙げている子はスムーズに答えるものだという予測を先生に植えつけさせてしまいます。極端な表現ですが、手を挙げているのにきっちり答えないのは、「挙げ挙げ詐欺」になってしまいます。

さて、このように教師側の視点ばかりを慮り、教師を擁護するかのような考察を読まされるのは、ご相談くださったお父さんには苦痛を伴うものかもしれません。ただ少々ふざけて書いておりますので、ツッコみながら読んでいただけますと幸いです。

とはいえ、もちろん先生は、手を挙げていた児童が間違うことも予測していらっしゃいます。そして、手を挙げていたけれど、発表の途中で自信がなくなって言葉に詰まってしまう事態も予測していらっしゃいます。教室は子どもたちが間違ったり戸惑ったりするべきところであるというのは、もはや学校教育において周知の事実です。

再び学校側を正当化するような論述になってしまい、さぞかしお父さんには読みづらいとお察しいたします。ついでにあともう一つお察しさせていただきます。「いや、息子が言葉に詰まるのは、息子が手を挙げたときじゃなくて、誰も手を挙げないときに教師が勝手に当てるときあるやろ。それを言うとんのじゃ」と、ツッコんでいらっしゃるのではないでしょうか。ならば先生は、「今日24日やから出席番号24番。ではなくて、2と4を足して6、出席番号6番の者」みたいにふざけた当て方をする方かもしれません。ぜひ息子さんにはツッコみがうまくなるように仕込んであげてください。

クラスメイトが息子さんに飛ばす罵声を、和やかなおふざけに変換させられるのは息子さんのツッコみです。息子さんの力で、教室で失敗することの尊さを、教師や児童に教えてやりましょう。

「なんやその当て方」

「わけわかることだけ言うても意味ないやろ」

「いや、だせえのは先生やろ」

勇気あるツッコみに幸あれ。

失敗する尊さを教師や児童に教えてあげよう

お悩み

部活の顧問がブラック体質で心配しています

息子は中学校でバスケットボール部に所属していますが、顧問の先生が指導の際にほぼすべての言葉の最後に「ばか野郎、この野郎」がつく人で、ミスをした際も人格否定的な言葉を使うのが気になっています。ブラック企業体質というか、ユニフォーム代の振込先が学校ではなく先生の個人口座だったり、明細が不明瞭だったり指導以外にも解せない点が多いです。驚いたことに、息子自体は先生の指導に理不尽さを感じつつも、愛情だとも思っているようです。本人が頑張って取り組んでいるのを否定したくはないですが、やめていく部員もいて、親から見るとブラック部活と感じる状況を見過ごしていていいのか悩んでいます。

46歳女性・会社員（夫、長男13歳）

回答

断片的に聞いてみれば最悪な教育で、すべてを聞いてみれば愛情に溢れた教育だったというのは、よくある話です。極端な例を挙げますと、「この野郎、チームのみんながお前の努力に感謝しているんだよ、ばか野郎」みたいな感じです。

今は封建制度ではありませんから、本人第一主義がはびこっていますね。上意下達の支配体制をよしとせず、個人の幸せを願いますよね。そんななか、集団活動における全体的な達成のために重要なのが、チームワークです。どんな時代であれ、チームワークが大切であることはご理解いただけると思います。チームワークは、それぞれが持つ弱点を補強し合うところにその美学が秘められています。そしてそれを育もうとする教育者は、助け合っている子どもたちを目にした刹那、胸の底から洗車機のブラシのような情念が込み上げてきて、言葉にできない爽快感と感動に包まれます。またこの場合の教育者は、稀に子どもたちのアンチテーゼになれた喜びに浸ることもあります。つまり仮想敵国のようなもので、自身が悪役となってチームワークを育む理論です。ただ、これが親御さんたちに勘違いされることがあると考えられます。

もちろん醜い暴力が介在していれば台無しですが、子どものより良い成長のために、自身が嫌われることを是として教育に勤しめる人が今の世界に何人いるでしょうか。この教育方針は未来への奉仕だと思います。そんな偉い人もいるであろうことも覚えておいてください。

ところで、この相談文に出てくる顧問は危険な指導者ですね。やばいですよ。ユニフォーム代の振込先は、ユニフォーム屋さんの口座か、学校や部活名義の口座でなければならないはずです。それが顧問の個人口座というのは、非常に安全性が欠落した事象です。集まったお金の一部を顧問が掠めてからユニフォーム屋さんに送金していると邪推されても仕方ありません。お母さん、面倒臭いでしょうが、校長先生に電話して、なぜユニフォーム代は顧問に振り込むことになっているのか、問うてみてください。校長先生から「バスケットボール部の顧問は他人の人格を否定する先生で、生徒の振り込みすら信用しない人でして、振り込み状況を迅速に確認するために顧問の口座になっております」というような説明があった場合は、面倒臭いでしょうが、学校全体の保護者会にその顧問の異常と学校の異常を報告しなければなりません。そして、保護者会のチームワークを活かして、顧問の人格と振込先の改善をお願いします。

最後に一つ、確固たる真実を書いておきます。わずか13歳で、いかなる厳しい指導であってもそこに愛情を見出すことができる息子さんは、とても美しい精神の持ち主だと思います。

「愛情」か「異常」かを見極めて改善しよう

お悩み

不登校になってしまった子どもの将来が不安です

転職に伴い、年明けに住み慣れた北陸の地方都市から東京に引っ越したのですが、新しい環境にうまく馴染めず、息子が不登校になってしまいました。息子は前にいた学校に戻りたいと言っています。最初は無理にでも登校させようと躍起になっていたのですが、登校しようとするとお腹が痛くなったり吐いたりしてしまうので、いまは無理をさせずに様子を見ています。とはいえ、不登校の子どもが家にいる状態での共働きは、リモートワークを取り入れても限界がありますし、このままずっと不登校が続いたら子どもの将来はどうなってしまうのだろうと不安です。いま親としてできることは何だと思いますか。

45歳男性・自営業（妻、長男10歳）

回答

男の子でしたらキャッチボールです。それが今すぐにできる最良の方法だと思います。内向きになっている男子に外を向かせてあげる手段といえば、古よりキャッチボールではないでしょうか。昔は野球なんてなかったのでは、という反論は受け付けません。父や母、親のような大人とキャッチボールしてもらえたときの喜びは、忘れようとしても忘れられないものです。

キャッチボールの次はバッティングです。お父さんは、バットを構えた息子さんに遅めのボールを投げて、とりあえずバットに球を当てる感覚を養ってあげてください。当たるようになってくると、お父さんもボールの速度を上げていき、それについてこられるようになれば、バッティングセンターに行くべきです。

バッティングセンターでほぼ全ての球を捉えられるようになると、同じように守備のレベルも上げておかなくてはなりません。お父さんがノックして息子さんがキャッチ、そして送球の練習をしましょう。最初はお父さんに送球するかたちで構いませんが、試合で最も送球する先はやはりファーストです。誰か一人をファーストに立てましょう。誰でも構いません。通りがかりの息子さんと同い年くらいの子に声をかけて、ファーストをやってもらいましょう。ファーストをやってもらった子には、セカンドを連れてきてもらいましょう。またセカンドの子にはサードを連れてきてもらいましょう。ファーストの子にサードを連れてきてもらっても構いません。

サッカーもしましょう。最初はお父さんと息子さん2人のパス練習で構いませんが、ゆくゆくはファーストやセカンドの子たちにも声をかけて、サッカーの試合をさせましょう。町にサッカーや野球のチームがあれば、チームに入れましょう。

それでもまだ学校に行かないようでしたら、小さい塾に行かせてあげましょう。いきなり大人数の場所は重荷かもしれませんので、少人数から徐々に都市社会に順応させてあげるのがいいと思います。

それにしても、幼少のころって、なぜあんなによその集団が怖かったのかと不思議に思います。しかしあのころを慎重に振り返ってみると、実は家族が好きすぎたんです。仕事を終えて帰ってくる父や母が愛おしくて、何でも知っている祖父母が安心の受け皿で、家族以外の集団を、「よそ」と決め込んでいたのです。

そんな、内向きの性格を実践していた10歳のとき、市の体操教室が発足するということで、母がそこに放り込んでくれました。そこはまさに「よそ」の子だらけの社会でした。それからでした。目立ちたがりになりました。今では大勢の前ですべれるようになりました。運動大好きです。スキーも得意です。

できることから始めて外に向かわせよう

第3章

子どもと習い事

親が教えられることを増やしておこう

過去を振り返って、これさえ小さいときからやっておけば人生は大きく変わっていただろうなという習い事があります。それは、空手です。空手をやっておけば、集団生活の中で強《したた》かに自信を持って過ごせていたのではないかと思い浮かべることがあります。そんな子どものころからの他人を圧倒する自信は、いい方向にも、そうではない方向にも、生き方に作用していただろうなと思うんです。もっと具体的にいうと、小学校1年から空手を習って、小学校6年のときには町で一番と謳われる喧嘩の強い男になっていたら、自分の人生はどうなっていたかと考えるのです。果たして、このような売れっ子のお笑い芸人になっていたでしょうか。あの有名なコンテストの王になれたでしょうか。なっていたかもしれません。

かといって、幼少期の自分が空手をやりたかったかというと全くそんなことはなく、もし習っていたならそれはおそらく親に無理やりやらされていて、いつも泣いて、やめさせてくれと懇願して、とどのつまりやめていたでしょう。

しかし、小学4年生から習い始めたサッカーは、親からやらされた習い事でしたが、妙に相性がよく、楽しくて、また自信も生まれ、今もまだ続ける趣味の一つとなりました。今となっては趣味ですが、将来の夢のところには、サッカー選手と書いたこともあり、それを仕事にしたいと自惚れている時期もありました。

でもなれませんでした。

また姉がピアノを習っていたので、羨ましさから自分も習いたいと言い出した割には、少し習ってみると、こんなにもじっとしなければならないのかと驚き、長続きはしませんでした。

こんなもんでした。だから、子どもの習い事はなにがいいかなんて、正解なんかないと思っています。なんでもいいのではないでしょうか。子どもが最初から楽しめてもいいし、子どもが最初は嫌がってもいいし、親がやらせたいだけでもいいし、子どもがやりたいだけでもいいし、子どもの成育のために習わせることに変わりはないわけですから、特に考えすぎず、安ければやってみるくらいでいいと思います。あまり安くないなら、それは詐欺かもしれないからやめておく、ぐらいでもいいのではないでしょうか。

唯一、自身の経験を通して感じたことは、子どものころに運動を習わせておくと、引っ込み思案になりにくいということです。サッカーで引っ込み思案が直りましたからね。明るくはっきりと発言できる子は、なにかしら運動をしていた記憶があります。なんせ、足の速い子がモテるんですからね。なにか単純なメカニズムがあるんでしょうね。

お子さんに自主的に習い事に取り組んでほしいと願う親御さんは多いですが、一般的に生きていく上でとても大事なものだといわれる食欲と睡眠欲を満たす活動を自主的にできるようになれば、それで十分ではないでしょうか。「はよ食べなさい」「はよ寝なさい」の度重なる指導をする必要がなくなるわけですからね。それはそれは楽ちんでしょうね。

また、性欲も生きていく上で大事なものだといわれます。食欲と睡眠欲を自主的に満足させられるようになった暁に、性欲を自主的に満足させようとしていれば、そのやり方によってはまたここで指導が必要になるかもしれません。でも、それに関してはお父さんの得意分野でもあるので、丁寧に指導できる自信があります。

つまり、親はいろいろできたほうがいいと思うんです。子どもは必ず大人に憧れます。そして教えてほしいと懇願してきます。ならば、教えられる大人でありたいですよね。教えられるようになるには、経験しておかないといけないと思うんです。料理ができるから料理を教えてあげられます。たっしょんができるからたっしょんを教えてあげられます。やっこさんからやっこさんのズボンにしてそれから騙し船にできるから、やっこさんからやっこさんのズボンにしてそれから騙し船にする折り紙を教えてあげられます。そんなことで、子どもの夢の選択肢を増やせているような気がしているのですが、間違ってますかね。

ただ、親が教えてくれなかったからこそ、友達に教えてもらって嬉しかったこともあります。ファミコンや釣りはその類いでした。それも大事な育みなので、親が全てを教え込まず、そこそこ手を抜いてやっておこうと考えています。

ところで、最近ミシンを使うようになりました。漫才をしていると、スーツのお尻がよく破れるのですが、修繕のお店に持って行くと、そこそこの値段になるんです。ちょうど、子どもに教えられることを増やしておきたいと思っていた時期でもあり、実家の整理で祖母が使っていたであろうコンパクトなミシンを見つけたこともあり、そんなことよりケチだからということもあり、ミシンでズボンの破れを自ら修繕しました。前述のとおり、ミシンは専ら祖母や、たまに母が使っている印象で、若者が普段から使っている印象はありません。ということは、こちらも廃れゆく文化かもしれないわけです。

でも、衣食住の柱が倒れることはないでしょうから、アパレル企業は今後も存続しますよね。ならば、そんな進路への選択肢として、子どものときにミシンを触ったというのはとても有意義なものになると思うんです。

しかしながら、なぜ自分は古いことばっかり興味があるんやろと不思議になります。日本史が好きだったり、米を作ったり、草鞋を編んだり、仏教の話をしたり、今度はミシンにも手を出しておりますが、そう考えると、ミシンを使うのはまだモダンなほうかもしれません。

子どもの未来を尊重し、家計に囚われない手習いを与えてあげるためにも、親がいろいろできたらいいですよ。親にとってもおもろいですよ。

お悩み

子どもが嫌がってスイミングスクールに行かない

息子が通う予定の小学校の水泳の授業では、泳げない子が泳げるようになるための指導はなく（最近の小学校はほとんどそのような指導姿勢だそうです）、多くの子どもはスイミングスクールであらかじめ泳ぎ方を習得してから授業に臨んでいると知り、息子を小学校入学前にスイミングスクールに通わせることにしました。しかし、何度か通ってみたものの、水への恐怖心がぬぐえず、今では通うこと自体を嫌がり、行かなくなってしまいました。泳げないまま小学校の水泳の授業を迎えるのはかわいそうだという親心で通わせたのですが、無理に通わせるよりも、本人が興味を持ったときにサポートをするほうがよいでしょうか。

36歳男性・会社員（妻、長男5歳）

回答

学校がそんな方針であるならば、いずれまたスイミングスクールに通わせたくなると思いますので、それなら今から通わせてあげるのがいいと思いますが、いかがですかね。でも、嫌なものを無理やりやらせるのもどうしたものかと考えてしまうのが、親心ですよね。とはいうものの、いやいや、今からスイミングスクールに通わせて、水に慣れさせるべきだと思いますよ。

スイミングスクールの先生を観察されたことはありますか。あの先生方の教え方は、この上なく丁寧ですよ。こちらの息子さんも、しばらく通ったらあっという間に慣れるはずです。以前はただ慣れる前にやめてしまっただけで、あともう少し続けて通っていたら、今頃はもうすっかり水と戯れていましたよ。

でも、もっと簡単に水に慣れる方法がありますので、そちらも案内しておきます。レジャー系の屋内プールに、ご家族で行ってみてください。そして必ず浮き輪をご持参ください。レジャー系の屋内プールはいいですよ。そこそこ年中やってますからね。そこでお父さんは、浮き輪を装着した息子さんをプールに浮かべ、息子さんの両手を持ち、その格好でバタ足の練習をさせてあげてください。

子どもが水を怖がるのは、溺れると思うからこそ怖いのだと考えられます。つまり、溺れた記憶が蘇るから、水を怖がるのだと推測できます。ということは、どこかで溺れたことのある子が、水を怖がっているはずです。では、どうすれば溺れる恐怖を克服できるのでしょうか。それは、泳げるようになることです。浮くことを知ることです。お父さんは、一生懸命、泳ぎ方と浮き方を教えてあげてください。あと、潜る楽しさを知ると溺れることに囚われなくなりますので、潜りも教えてあげてください。

また、子どものときは、耳や鼻に水が入ってくるのもプール嫌いになる理由の一つです。耳は耳栓をするのが効果的ですし、鼻は諦めてもらいましょう。耳もいつかは諦めてもらいましょう。思い起こせば、水とは諦めの付き合いをしてきました。仏教の代表的な教義である諦観とは、諦めるという意味ではなく、真理を観るという意味です。水の真理を知らせてあげるのが大切だと思っています。

水は人間に不可欠なものであり、時には人間を楽しませてくれ、それでいながら付き合い方を間違うと人間を殺してしまうものです。これらの真理を早いうちに教えてあげてください。でもそんなことを教えられたら、息子さんはもっと水を怖がり、屋内プールであっても行くことを拒むかもしれません。ということで、緊急対策を伝授します。お風呂で、顔をゴシゴシ泡立てて洗うよう躾けてください。水を欲する子になると思いますよ。

水との付き合いには諦めが大事だと教えよう

お悩み

娘がバレエを習いたいと言い出したが、金銭的余裕がない

小学校1年生の娘が、同級生がバレエを習っているのに触発されて、自分も習いたいと言いはじめました。しかし、同級生が通う近所のバレエ教室は月謝も高め。トゥシューズは消耗品でお金がかかるし、発表会の費用もバカにならないようです。正直、そこまでの金銭的余裕が我が家にはありません。バレエにお金を使うくらいなら、今後かかってくるであろう塾代に備えて貯金しておきたいと思ってしまいます。こうした事情を正直に娘には話すべきでしょうか。自発的にやりたいと言い出したことを、金銭的な理由で無理だと伝えるのは6歳の子どもには酷な気がしますし、そもそも理解できるのだろうかという不安もあります。

35歳女性・主婦（夫、長女6歳）

回答

これはもう、ご相談くださったお母さんが、独学でバレエを勉強して、直接お嬢さんに教えてあげるしかないですね。金銭的な理由でバレエを習わせるのは無理だと伝える必要はありません。

早くに解決しましたので、自分の吉本興業所属芸人になった経緯についての話

をします。今も吉本興業所属の芸人として仕事をいただいておりますが、吉本の養成所であるＮＳＣに行っていないんです。吉本以外の芸能事務所が運営する養成所にも行ったことがありません。吉本興業が開催しているオーディションライブに一般のコンビとしてエントリーし、そこで合格して吉本興業所属になれたんです。普通は芸の養成所に通って所属芸人になるんですが、養成所に通っていないので、人生において養成所の月謝を払ったことがありません。なのに今、ＮＳＣの講師として授業を持たせてもらっているんです。これに関しては、本当に申し訳なく思っています。

懺悔に見せかけた自慢が終わったので、続いては、自分がやっている農業と、農業で身体を動かしているからジムに行ってトレーニングをする必要がないという話をします。実家が先祖代々農家なので、当然のように農業を引き継いでやっています。農業をやりながら吉本興業からいただいている仕事もやっているんですが、周りの人たちから、いい体形してるなあとよく言われます。ジムで鍛えてんの、と聞かれたら、いいえ、農業やってるから太らないいんだと思います、と答えています。

解決策や、懺悔に見せかけた自慢や、タイトルで話の内容みな言うてしもとるやないかという冗談に見せかけた体形自慢を終えたところで、つくづく自分はタダが好き

まずはお金をかけずに体験させてみよう

なんだなあと思いました。タダに近い方法を見つけては、その方法でやってきました。作物を買うより、苗を買って植えるより、種を買って蒔くのが一番安く仕上がります。仕上がり方は、どの方法で手に入れても大差はありません。うちの子が種を蒔いたキャベツが、今はもう青々と葉を巻いています。ところで、お金を使わないことは経済界において良策ではないと知ってからは、せめてもの恩返しとして、そこそこ無駄遣いもしています。高額なバレエも習いにいこうかと考えています。

冗談に見せかけた保身でした。無料の体験レッスンや、最近では格安のオンラインレッスンなどもあるようです。お嬢さんはレオタードを着てみたいだけかもしれないし、お団子のヘアスタイルに憧れているだけかもしれないし、ものすごい才能の持ち主かもしれません。まずはお金をかけずに体験させてみて、お子さんの興味の度合いを確認してみてはいかがでしょうか。

お悩み

幼いうちに英語教育をはじめていいのか悩んでいます

国際化がますます進む今、子どもにはしっかり英語力を身につけてほしいです。自分が英語学習で苦労した経験があるので、子どもに同じ苦労をさせたくないのです。そこで、英語の早期教育を検討しているのですが、英語教育をはじめるなら早いほうがいいという意見もある一方、母国語での思考力が身につく前に英語を学ばせる意味はなく、日本語での思考力の発達を妨げるという意見もあり、幼いうちから英語教育をはじめるべきか悩んでいます。自分が英語にコンプレックスがあるために、そのルサンチマンで英語にこだわっている気もしています。幼いうちの習い事はどこまで親の意志（エゴ？）で決めてよいと思いますか？

40歳男性・経営者（妻、長男3歳）

回答

相談文で笑わしてきてますやん。

都知事が不自然な流れで横文字を口にしていると、必死で横文字変換してるやん、とツッコんでいます。それと同じように、ルサンチマンにツッコんでしまいました。ルサンチマンなんていうあまり馴染みのない横文字を使いたくなるほど、英語に絶大なコンプレックスがおありなんですね。ビブグルマンかと思いましたよ。ミシュランガイドのビブグルマンです。ちなみにルサンチマンは、英語でも表記があるそうですが、元はフランス語から借用した横文字なんだそうですね。

コロナ期にも、なぜか横文字が流行しましたね。今ではもう死語のようになっていますが、みんな使っていましたね。「ソーシャルディスタンス」を覚えていらっしゃいますか。日本語では、社会距離拡大戦略というそうですよ。この横文字が社会に登場しだしたころ、よくパーソナルスペースと間違って言っていました。パーソナルスペースは中学校で習ったので覚えていました。入ってこられたら危険だとか嫌だなあとか思ってしまう距離の空間みたいな意味だったと記憶しています。

個人的な脳内の話で恐縮ですが、ソーシャルディスタンスは消え、パーソナルスペースが残りました。やはり中学校で教えてもらった言葉のほうが、頭にこびりついています。

ということで、英語も中学校からでいいのではないかと思っていたのですが、今はもう小学校でも英語が必須科目になっているんですね。そのほうがいいということで、学習指導要領が改訂されたようです。小学校3年生から英語の授業があります。また、それよりも前の幼少期から英語を習わせるのがいいというようなことを耳にします。ただ、幼少期は確実に英語への入り口ですので、いきなり書いたり単語を覚えたりするのではなく、まずは英語を聞くことが大事なんだと考えられます。

となると、こちらのご主人はルサンチマンですので、確実にご自宅でも並大抵でない量の横文字を使っていらっしゃると推測できます。ならば大丈夫です。3歳の息子さんは、もう既に英語とフランス語の試聴レッスンを受けていることになります。その調子で日本語と英語とフランス語をご家庭で使いまくってください。そのせいで日本語での思考力の発達を妨げると危惧されるなら、ルサンチマンと言った後には必ず、「ルサンチマンとは弱者が強者に対して抱く憎悪や怨恨やけどな」と、つけ足してください。しっかりと英語力を身につけてほしいと希望されるなら、ルサンチマンと言った後には必ず、「ルサンチマン　イズ　ア　ヘイトレッド　アンド　ア　クラッジ　ウィッチ　ザ　ウイーク　ハブ　アゲインスト　ザ　ストロング」と宣ってください。

家庭でできる範囲で英語に触れさせよう

お悩み

共働きゆえに習い事の送り迎えができない

自分も妻もフルタイムで働いており、リモート勤務もしづらい職種です。子どもたちの教育にはなるべくお金を惜しみたくないし、本人が望むならいろいろな習い事もさせてあげたい。そんな気持ちもあってバリバリ共働きをしているわけですが、夫婦共に忙しすぎて平日は送り迎えができないために子どもの習い事をあきらめざるをえないという本末転倒状態に陥っています。せめて土日は就農体験をさせたりと工夫はしているのですが……。子どもの教育のためにお金を稼ぎたい。でも忙しく働けば働くほど子どものために使える時間は減っていく。この矛盾とどう向き合っていけばよいでしょうか。

44歳男性・会社員（妻、長男10歳）

回答

うちの家も両親が共働きでした。祖父や祖母も外で働いていたので、小学2年のときに曾祖母が他界してからは、学校から帰るとそこには無人の空間が待ち構えていました。上級生の姉はなかなか帰ってこず、ひとりでいる時間はとても不安だったことを覚えています。殊に、学校で怖い話を聞いた日となると、ひとりきりの家は阿鼻叫喚の世界となりました。不可解な足音を感じたこともあります。

今思えばおかしなことですが、外で一人でいるより、家で一人のほうがよっぽど怖かったのです。おそらく、外でいるほうが、誰かしら人と繋がっていると感じられたのでしょう。また家に入ることで、群れから外れた動物のように、周りとの繋がりが遮断されたと本能的に錯覚していたのかもしれません。

耐えられないときは自転車で家を出て、畑で作業をしている祖父に会いに行ったり、店で働く祖母に会って、心の底から安心したものです。あの幼い経験は貴重なものだったと誇っています。

ところで、ご相談者のお住まいは、『北の国から』のような大自然の中にポツンとある家でしょうか。もしそうでしたら、送り迎えは大きな問題だと思います。習い事の教室までは車でしか通えないでしょうし、無理をして自転車で通ったとしても、道中の野獣に襲われないか心配です。

しかし、相談文に「就農体験をさせたり」とあります。もし大自然の中で暮らしていらっしゃるなら、わざわざ就農体験をしなくても土には触れていらっしゃると推察できます。ということで、ご家族はそこそこ街にお住まいだと仮定した上で、解決策

外との繋がりで子どもは成長する

を考察させていただきます。

10歳になるのでしたら、一人で外に出してあげてはいかがでしょうか。自転車で習い事に行けると思いますよ。でも心配ですよね。ぜひご両親には、ご自宅と習い事の教室までの安全な経路を調べていただき、道沿いにお住まいの方々と土日を利用して親しくなっていただきたいと思います。そして息子さんの安全を、そんな道沿いの方々に託してみてはいかがでしょうか。外の繋がりが子どもを獣から守ってくれますよ。誇れますよ。

お悩み

早生まれの長男の「自己肯定感」を育みたい

今年9歳になる長男は早生まれ。周りより身長も頭一つ分小さく、学習能力もコミュニケーション能力も後れを取っていると感じます。小さなことで言うとちょうちょ結びがなかなかできなかったり……。本人も焦りがあるようで、癇癪を起こしてしまう傾向があるのも心配です。先日、3年続けている剣道の大会を観に行ったら、周りの子に「〇〇くんはできないから」とみそっかす扱いを受けており、親としてとてもショックでした。わざわざカネを払って失敗体験をさせるのはバカらしいとも感じました。時間が解決する問題かもしれませんが、どうにか自己肯定感を育んでもらうにはどうしたらいいでしょうか。

41歳男性・会社員（妻、長女13歳、長男9歳）

回答

まず、お金を払って失敗を体験させてあげるのは、とても有意義なお金の使い方だと思いますので、その点はご了承くださいますようよろしくお願いします。

子どものとき、家の手伝いなどで何かしらの楽をかましていると、「若い時分の苦労みたいなもん買うてでもせなあかんのや」と、よく叱られました。不条理な説法だとそのころは嘆いていましたが、今となってはその通りだと思っています。若いときこそ苦難にぶつかって知恵を習得するべきだし、その知恵を生かしてゆくゆく社会で羽ばたけるわけですからね。羽ばたくために苦労をお金で買うとなれば、そのお金は大人から子どもへの先行投資といえるはずです。子どもたちがよりよい大人になるための投資こそ正しい資産運用ではないでしょうか。いろんな遠回りの道を知ってから導き出した近道には、喜びと感謝が生まれます。逆に近道しか知らなければ、遠回りの風景に出会えないこともあります。そこには綺麗な桜が咲いているかもしれませんし、とんでもない樹齢の杉が屹立しているかもしれません。また、以前はどこかの家庭で使われていたと思われる椅子が置いてあるバス停に出くわすかもしれません。

とはいうものの、我が子には早いうちに背伸びの教養を授けてあげたくなりますよね。しかし人間の成長にとっては、その年齢でやるべきことを、じっくり舐め回させてあげるのも大事と思います。いつまで紙飛行機作っとんねんと憂うより、紙飛行機が楽しい時期にとことん紙飛行機を追求させるのもいい経験です。うちの子にも、いつまでアンパンマンレジスターで遊ぶねんと忠告したこともありますが、アンパンマンレジスターの時期に、たまにはとことんまでやらせるのが学習だと思います。こうした経験がいつか未知の航空力学となり、粋な経済学に繋がるかもしれません。とことんする前に学年が上がってしまうかもしれない早生まれの子にとっては、なおさらです。

バッティングセンターで、上手な人に打ち方のポイントをいくつか教えてもらっても、暫くするとその一つを忘れていたりします。同じように、子育てにおいても重要な箇所が多すぎて、ついつい大人は子どもを褒めることを忘れてしまいます。子どもは確実に褒められ足りていません。桜の花びら一枚だけを目の前で観察しても褒めるところは見つけにくいですが、桜の花が咲き誇る木々を遠くから観察すると、褒め称えるところがたくさん見えてくると思います。一歩引いてみたら、小さい体で必死に剣道を続けるお子さんのがんばりも見えてくるのはないでしょうか。

桜の木々は、褒められるからいつも自己を肯定しています。「今ハゲてるだけでまた咲くし」。

失敗を経て成長する姿を褒めてあげて

第4章

子どもとお金

お金の尊厳を早いうちに教えよう

まずは、子どもたちにお金を盗まない子になってもらわなければなりません。だから子どもには、大人が仕事をしてお金を稼いで、そのお金で君たちを育てているのだよという昔からの真理を、さらっと日常的に教えてあげることが何よりも大切なのではないでしょうか。お金は大人たちの一生懸命の努力が等しく交換された逸材であることを認識させてあげると、そこにたやすく触れてはいけないという畏敬の念が生まれると思うんです。

子どものころ、聖徳太子や伊藤博文が描かれたお札なんて、畏敬でしかありませんでした。岩倉具視も安めでしたけれど畏敬でした。食器棚の抽斗に、応急の紙幣がこっそり入れてありましたが、その抽斗を開けることすら憚られるほどでした。大人の所有物、という大きな概念がその抽斗には詰まっていたのです。同じ抽斗には大きながま口もありましたが、そこから硬貨を勝手に取って駄菓子を買いに行ったこともありませんでした。やはり勝手に触ってはいけないと思っていたのです。

遅くまで残業して、時には夜勤で生活を反転させながら働いてくれた父、遅くまで残業して、帰ってきたらすぐに料理や洗濯をしてくれた母、そのありがたみをリアルタイムで教えてくれた祖父母がいる環境は、お金に対して幼少の頃から崇高な概念を養ってくれました。一万円札が福沢諭吉になり、何年か経ったある日、衝撃的な出来事がありました。愉快な同級生が自分の財布から一万円札を取り出し、机の上で細かく折りだしたんです。その刹那、こいつお金に対してなんていうことしてんねん、と思いました。そして、「見て見て。めっちゃ笑ってない?」と、そいつは聞いてきました。見ると、普段の澄ました福沢諭吉先生ではなく、スケベそうに笑っている福沢諭吉先生がいました。そして、不覚にも笑ってしまったのです。そのことを瞬時に悔やんだことを覚えています。

「お金で遊ぶな」という格言も、子どもには教えていきたいと思います。教科書は破ってはいけないものだと教えずに教科書を破る子を育ててしまうと、その子は教科書とトイレットペーパーをごっちゃにするかもしれません。保険証を真っ黒に塗ってはいけないよと教えずに保険証を真っ黒に塗る子を育ててしまうと、その子は保険証と習字の失敗した半紙とをごっちゃにするかもしれません。最近かっこよく言われるリテラシーって、そんな感じで養われるもんやないですかね。

十分にお金の尊厳を会得させたら、次は、貯め込むと経済が停滞することも教えたいんですよね。だから、子どもがお小遣いを貯めて、なにか夢の買い物を成し遂げたときには、思いっきり褒めてあげようと思います。中学生になった息子が一生懸命お小遣いを貯めて、学生ズボンの変形ズボンを買ってきたら、微妙な線引きのところではありますが、タックが入ってなければ褒めてあげたいと思います。高校生になった娘が一生懸命お小遣いを貯めて、短すぎるスカートを買ってきたら、大いに褒めてあげたいと思います。冷えないように、パンストかタイツをプレゼントしてあげるつもりです。

また、親が子にどれくらいのお金をかけるかですが、子どもは可能性の塊みたいな存在ですから、習い事などは無理のない程度でできるだけかけてあげるのがいいと思っています。これにしても、ケチるより使うほうが経済も回りますからね。そして経済が正常ないし正常以上に回ってくれたら、また家庭で使えるお金も増えますよね。ただ個人的に、贅沢は絶対にさせたくないと思っています。グリーン車に乗っている子どもを見ると、まじでええやつになってくれよ、と念じてしまうくらいです。

では、今考えている、わが子たちへのお小遣いの月々の金額を記しておきます。小学1年生0円、小学2年生0円、小学3年生0円、小学4年生100円、小学5年生200円、小学6年生300円、中学1年生500円、中学2年生1000円、中学3年生1500円、高校生2000円、とこんな感じですが、みなさんいかがでしょうか。

おそらく、安いと思われたかもしれません。ただね、19歳くらいになったとき、友達とどういう話で盛り上がったかといえば、うちはこれだけ厳しかっただとか、うちはこんなにもお金をもらえなかっただとか、こんなに変なことをさせる親だったとか、そういった辛かったほうの自慢合戦になるわけですよ。誰も、うちはこんなにも贅沢させてもらってきた、なんて言いませんでしたからね。ある程度わが子には、大きくなったときに、友達に話せる家庭事情の種を作っておいてあげたい気持ちがあります。

子どもが田んぼや畑を手伝ってくれれば、自分がもらっていたように、もちろんお駄賃を渡す予定です。それを見越してのお小遣いです。もしかしたら、仕事次第では友達のお小遣いを抜くほどの月収になるかもしれません。いうまでもありませんが、お駄賃は仕事量や効率の歩合がありますので、小さい頃のお駄賃は激安です。段々上がっていくシステムです。お皿洗いはいくつになっても一律一年３０００円と予定しています。この支払いで成長した子どもたちに嫌われだしたら、そのときは読者のみなさんに相談したいと思います。

何でおまえんちは車がないの？

お悩み

小学生の子どもに電子マネーはまだ早い?

小学校4年生の長男が、2駅離れた進学塾に通いはじめたので、行き帰りの交通費用に子ども用Suicaを持たせることにしました。これを機に、お小遣いもSuicaで渡そうか悩んでいます。電子マネーにすれば履歴が残るので、子どもがどこでお金を使ったのかがわかって安心だし、今後のキャッシュレス社会に早いうちから慣れておいたほうがいいのではとも思います。しかし一方でお金を使った実感が持てずに、金銭感覚が養われないのではないかという不安もあります。周りのママ友に聞いてみても対応は人によってそれぞれで、どちらが正解なのかわかりません。アドバイスをいただけたらうれしいです。

40歳女性・会社員(夫、長男9歳)

回答

お正月にお年玉をもらえるのは、誰にとってもうれしかった思い出ではないでしょうか。お年玉を何年かもらっていると、誰それはいくらくれて、誰それはいくらしかくれなくて、というデータが蓄積されていきましたよね。そんなある年のお正月、それまではもらっていなかった叔母から初めてお年玉をもらったんです。うれしくて、もらったポチ袋を掲げながら母に報告すると、母はそのポチ袋を叔母に返したんです。そして、これが為替やと教えられました。なるほど、双方の損得の計算をできる場所でやっておくことが為替なんだと、知識が増えたような気がして誇らしい気持ちになりましたが、すぐさま嵌められたと嘆きました。今となっては美しいセピア色の思い出です。

お年玉を電子マネーで渡す大人はまだごく僅かか、ほぼ皆無だと思います。やっぱりお年玉こそ現金ですよね。そこで子どもは物理的には軽い紙のお札の重みを知るのではないでしょうか。急に入る巨額は非日常であり、ハレの日でしかありません。でもそれが紙なんですよ。

高額が紙、低額が金属です。つまり、高額が紙幣、低額が硬貨です。普通に考えたら、価値は逆だと思うんです。高価なものが金属であって、安価なものが紙ではないでしょうか。和紙は高いなどのご意見は尊重しながら無視しますが、この逆な感じがいいと思うんですよ。子どもには、世の中に数多ある「不思議だなあ」を授けてあげたいと思っています。「不思議だなあ」は成長すると、「不思議だけどなぜそうなってるんだろう」に発展します。「不思議だけどなぜそうなってるんだろう」は成長すると、

「そういうことなのか」に発展します。息子さんには、昨今のキャッシュレス社会に対して「そういうことなのか」と感じさせてあげたいですよね。

クレジットカードは子どもにはまだ早いと思いますが、電子マネーくらいはいいのではないでしょうか。ただ、紙幣と硬貨の不思議には触れていただきたいので、電子マネーの現金チャージは息子さんにやらせてあげてください。そして息子さんにチャージ分のお金を渡すときに、たとえば五千円であれば、千円札を五枚渡す日もあれば、五百円玉十枚を渡す日もあり、また五千円札を一枚だけ渡す日もあれば、千円札一枚と五百円五六枚と百円玉十枚を渡す日もあるようにしてください。

あと、電子マネーは使用履歴が残るところに魅力を感じていらっしゃる雰囲気が窺えますが、もし息子さんが電子マネーで無駄遣いをしている事実が発覚した場合は、Ｓｕｉｃａ取り上げ並びに最低限硬貨生活を強制してくださいね。そして時にお母さんは、息子のなにかを取り上げる不思議も授けてあげましょう。

電子マネーにも現金にも接する機会が大切

お悩み

吹奏楽部の部費が高すぎるのでほかの部活にしてほしい

娘は高校で吹奏楽部に入部したのですが、吹奏楽部で割と強豪の学校のようで、外部から有料で指導者を招いての練習や、楽器の調整、大会時の遠征費用などを合わせると部費がバカにならず、平均で月に3万円はかかっています。コロナ以降収入が減って家計が厳しいうえに、娘は日々の朝練、放課後の練習で疲れ切っており、勉強がおろそかになっているようにも思えます。正直なことをいうと娘にはもう少しお金のかからない部活に転部してほしいと思っているのですが、金銭的な理由で部活をあきらめてもらうのは申し訳ない気持ちもあります。ほかの生活費を削ってでも娘に部活を続けさせるべきでしょうか。

42歳男性・自営業（妻、長女15歳）

回答

めちゃくちゃかかりますねえ。普通の10倍くらいではないですか。こんなことでは、大富豪のお子さんしか吹奏楽部に入れなくなりますよ。こちらの学校には、もう少し部費を安くしてもらったほうがいいと思います。外部指導者のギャラをはじめ、明細を確認することで、節約できる部分が見つかるのではないかと思います。大富豪のお子さんしかいない学校でない限り、部費がキツいと感じている親御さんは他にもいるはずなので、保護者同士で話し合ってみるのがよいかと思います。

高校のとき、サッカー部に所属していましたが、かかったお金といえば、試合に行くための往復の交通費と、3年間で2回のユニフォーム代と5、6回のスパイク代くらいでしたよ。練習着とか練習着の洗濯代とか言い出したらもう少しかかったんでしょうが、月数万なんて到底かからなかったと思います。3年間で10万円くらいではないでしょうか。しかしながらそう考えると、高校時代に部活だけでもこんなに両親にお世話になっていたんだなと、改めて感謝します。

ただこちらは、3年間で安くても100万円近くはかかります。確かにそれでは転部してほしくもなりますよね。ここで少し気になったのですが、高校生のお子さんを親が転部させることなんかできるのでしょうか。できたらすごいご家庭だと思いますよ。ほとんどのご家庭では不可能なのではないでしょうか。急に親から「お前、今の部活やめて、相撲部入れ」と言われたとしても、おそらく大多数の子どもは相撲部に入らないと思います。中には、ちょっと相撲部に転部しようかなと前もって考えていたお子さんもいらっしゃるでしょうから、親主導による転部の成功は皆無だとは断言しませんが、とにかく微少だと思います。

ということで、吹奏楽部は続けていただく方向で再び妙策を講じたいと思います。人生において、高校生の時期は概ね一回しかやってきません。そう考えると、高校生のときにしか経験できないことは、少々お金を払ってでもやらせてあげるのがよさそうですね。とりあえず、高校生の支援制度を調べてみてください。最近は全国の奨学金制度を網羅したアプリなどもあります。所得制限がある場合も多いですが、有意義な奨学金に出合える可能性もあります。家計が急変したご家庭への支援制度もあります。また、部活動で優秀な成績を収めた場合の特待生制度を発見するかもしれません。そして、お嬢さんにこちらを案内することによって、お嬢さんの演奏に磨きがかかる可能性があります。あと、もしかしたら、学力優秀な生徒の特待生制度があるかもしれません。お嬢さんにこちらを案内することによって、お嬢さんの学力が向上する可能性があります。ぜひ学校や文部科学省、各種奨学金のサイトを確認してください。

部費減額を提案しつつ支援制度を調べよう

お悩み

お小遣いで釣って勉強やお手伝いをさせるのはよくない？

小学校5年生の娘に対して、「次のテストで100点を取ったらお小遣いを●円あげる」「一週間お皿洗いをしたらお小遣いを●円あげる」と、臨時のお小遣いをあげることを条件に勉強やお手伝いをさせてしまうことがたびたびあります。勉強もお手伝いも頑張ってくれるのでラクなのですが、金銭的対価がないと何もしない人間に育つのではないか、子どもに勉強や家事の大切さを教えることをサボってお小遣いで解決するのは親の怠惰ではないかという葛藤があります。しかし、今さらお小遣いナシにしたら勉強もお手伝いもしなくなるのではと思うと、やめることができずにいます。どうしたらいいでしょうか。

38歳女性・パート（夫、長女11歳）

回答

やめなくてもいいと思いますよ。世の中は対価だらけですし、大人社会のための予行演習になっているのではないでしょうか。ただ、そのやり方を少し変えたほうがいいかなと思います。「次のテストで100点取ったら」をやめて、「学年末までのテストで全部100点取ったら」にしていただき、「一週間お皿洗いをし

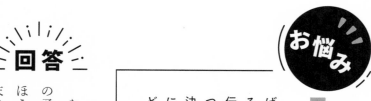

たら」をやめて、「一年間晩御飯の後のお皿洗いをしたら」に変更していただけませんか。無理ですか。厳しいですか。厳しいですよね。でも、お金をあげるんですから、厳しくていいと思いますよ。甘い条件を達成したことでお金を獲得すれば、金銭感覚が世の中とずれるおそれがあります。

うちは祖父が農業、祖母がそうめん屋を営んでおりまして、若いころ、よくお手伝いをしました。無理やりやらされる感覚はなく、むしろやらせてほしいという気持ちが先導していました。作業が大人っぽくて憧れていたんでしょうね。やらせてほしいのに子どもだからまだやらせてもらえない作業もありました。そして徐々にそんな技巧的な作業を任されていくと、それを誇らしく思っていました。しかし、それらを無償でやっていたかというと、そうではなかったのです。大きな大きな対価がありました。

小学6年のときに、『あぶない刑事』という刑事ドラマが始まりました。全てがかっこよくて、気がつけば憧れの的になっていました。その中に登場するのが、日産レパードでした。トヨタのソアラではありません。ソアラのほうが有名ではありましたが、事件の最中に駆け回る日産レパードは最高でした。大人になったら必ずこれに乗りたいと思っていました。

積み重ねたお手伝いの対価は、「免許取ったら車こうたる」でした。そんな長期の契約に思い描いていた車こそ、日産レパードだったのです。お手伝い、一生懸命するでしょ。運転免許を取得したとき、既にレパードはフルモデルチェンジをしていて、『あぶない刑事』で活躍していた2ドアタイプは絶版となっていました。「中古車は中で人死んどったかもわからへんのやから、100万くらいの軽の新車を買え」と祖父母に諭されましたが、どうしても乗りたい車で、その車のために今までお手伝いを頑張ってきた旨を伝えると、しぶしぶ中古の日産レパードを100万円で買ってくれました。すこぶるしぶしぶでした。

お嬢さんの憧れはなんですか。今すぐにはたどり着けない、夢のようなものを買ってあげる契約を結ぶと、やる気や頑張りは日常になると思いますよ。でもそれ以上に、頑張った分の対価でもらってうれしいのは、褒められることです。やった分だけ褒めてあげてください。

長期の「対価」を提案し、日々褒めてあげて

お悩み

子どもへのお金の使い方が、夫と意見が違う

0歳の息子の育児中です。夫は子どものおもちゃや服などは「極限まで最小限でいい、勝手に作って遊ぶだろ」という考えです。私は高くても木の温もりを感じる北欧から取り寄せた名品おもちゃ、着心地のいい肌着など、小さいうちから本物を知ってほしい派。今は私が育休中のため、家賃や生活費は夫負担。生活費の負担がないので、育休給付金からおもちゃや服を買えますが、育休が明けて共働きが復活すれば生活費は折半に。家賃を折半しながら素敵な子ども用品を買うのはキツイです。子どもにどれだけお金を使うかは後々の教育方針にも関わるので夫と話し合いたいのですが、互いにどう歩み寄るべきでしょうか？

32歳女性・会社員（夫、長男0歳）

回答

せっかくなら、北欧の木のおもちゃよりも、奈良の杉や檜のおもちゃで本物を感じてもらったほうが、親近感があっていいですよ。送料もそのほうが安いと思いますし、節約した送料を家賃に補填することもできます。奈良の木材で遊ばせるといいことだらけですね。ぜひ、ふるさと納税の返礼品を調べてください。

着心地のいい本物となると、高級な綿や絹の肌着でしょうか。個人的な意見ですが、すぐに大きくなる赤ちゃんに高級素材の肌着はもったいないと思います。長年にわたって使うべき逸品は、息子さんの体格が固定してくる時期に与えることをお勧めします。そのころにはもう、ご主人とのいさかいはなくなっているかもしれません。

こだわりというのは誰にでもあります。しかし、こだわりを持ち続けるのは苦痛を伴います。長ズボンしか穿かないというこだわりのある人は、夏場には必ず、半ズボンの誘惑に悩まされるでしょう。朝ごはんを食べないというこだわりのある人は、スクランブルエッグがおいしそうなホテルの朝食バイキングを泣く泣く見捨てているのでしょう。辛いですね。では、人間はこだわりとどう付き合っていくのがいいのでしょうか。

執着を是としない仏教の観点で考えると、何かが原因で維持しにくいこだわりは、捨てるのがいいと思います。言い換えますと、こだわりの維持をあきらめるのがいいと思います。とにかく、あきらめていただきますと、本当に大切なものが明らかになってきます。殊に前出の「あきらめる」と「あきらかにする」は、同源の「あきらむ」が派生した言葉です。つまり元の意味は同じです。あきらめることは、真理を明らかにすることです。

白菜の葉を外から一枚一枚めくっていくようにこだわりを剝いでいき、最後に残ったかわいいミニ白菜が、家の教育方針になります。白菜にとっては、あのかわいいところこそ直近に生成された子どもの部分です。そこだけをしっかり手で握っていてください。子どもの肌にとって一番の本物は、お母さんの手ですよね。ぜひご主人とこだわりあきらめ合戦をしてください。

こだわりを捨てて残ったものが真の教育方針

お悩み

車を持たない理由を子どもにどう説明する？

小学校2年生の息子が、同級生に「何でおまえんちは車がないの？」と聞かれて返答に困ってしまったそうです。東京23区内在住で、仕事や買い物、普段の外出で不便も感じないので特に車が必要だと思っていなかったし、ローンや駐車場代などの出費を考えると現状では家計的に少し厳しく、その分は子どもの教育費に回したい、という事情もあります。同級生で、車のある家庭は半分くらいという感じです。あまり小さなうちから、生活環境や金銭事情は家庭によって違うと説明してもイヤな思いをさせるだけなのではと思ったのですが、いずれはわかることなのだから、今のうちから説明したほうがいいか悩んでいます。

41歳男性・会社員（妻、長男8歳）

回答

この相談文から、家族思いで友達思いの優しい息子さんだということが柔らかく伝わってきます。このような優しい息子さんには、金銭事情に関係なく、いかに我が家で車が必要ないかを徹底的に説明してあげてほしいです。そして今後、「何でおまえんちは車がないの」と友達に聞かれたときには、「いらないからだよ」と返せるように仕向けてあげてください。聞いた友達も、その質問の野暮さに気づけるのではないでしょうか。

もちろん家庭でお金を管理していらっしゃるのは親御さんでしょうから、お金を管理していない息子さんに家計簿的な話を伝える必要はないと思います。ただ、お金は大事なものだということは早いうちに説明するべきだと思います。また、大事なお金だからこそ、大事なものとそれを交換しているのだという等価の法則も教えてあげてください。そして大事なお金だからこそ、慎重に使わなければならないという無駄遣い禁止の法則も教えてあげてください。それでいて、お金を貯めてばかりいると経済的に発展しないという流通の法則も、今のうちにきっちり説明してあげなければなりません。あと、お金は盗んではいけないという規則、親は働いてお金を稼いでいるという勤労の原則も教えてあげてくださいね。ついでに、子どもに教育を受けさせる義務と、子どもの教育を受ける権利も教えてあげてください。

家庭によって貧富の差があるのは、『ドラえもん』を観ていれば自然に学習できると思いますが、昨今、ユーチューブばかりでテレビを観ない子もいるそうなので、もし『ドラえもん』を観ていないようでしたら、一度ご覧になっていただくのがよろしいかと存じます。画面からは離れるよう説明をお願いします。

あらゆる場所で貧富の差は存在します。ただそれを全面に公開するのはデリカシーがないということで、共存社会には工夫が仕組まれているようです。特に学校では、代々受け継がれた工夫があります。しばしば議論になりますが、給食や制服はその一端と考えられます。個人的には、とても優しい工夫だと思います。貧富の差をぼかすだけでなく、毎朝の面倒臭いお弁当作りや煩わしい服選びを省略してくれます。

ゆくゆくはこんなことも息子さんに説明していただいて、先人たちの知恵に触れさせてあげるのも有意義だと思います。そしてこれを説明する前には、次の真実を説明してください。「地球には約80億人いるけど、金持ちでないのが普通で、金持ちが稀なのだよ」。

子どもに説明しておくことってまだまだたくさんありますから、生活環境や金銭事情は家庭によって違うと説明する暇なんてありませんね。

お金にまつわる大事なルールを教えよう

第5章

子どもと性

公衆の面前でのキス以外は自由にさせます

女性哲学者ボーヴォワールの『第二の性』は読んでおいたほうがいい、と学校の先生に教えてもらって、それを読んだのがもうこんなに前のことになるとは、あのときは思いもしませんでした。そして昨今の性の議論となると、もうボーヴォワールですら新しい論客に羽交い締めにされそうなくらい、論調が多岐にわたり、また言葉を選ばなければならなくなったのではないかと思案しています。個人的には、結婚式や謝罪会見とかならまだしも、議論くらいで言葉を選ばなければならない風潮を非常にじゃまくさいと思っています。たとえ意見の違う者同士であれ、寛大な人間同士の議論であれば、そこまで言葉を選ぶ必要なんかないはずなんですよね。それより言葉を選びすぎて、芯の意向を相手や聴衆に伝えられないほうが辛いような気がします。

ということで、ここからは言葉を選ばずに語らせていただきます。

長年にわたって、ゲイにモテる人生を送ってきました。ゲイ全員というわけではないですが、そのへんのゲイ、お店のゲイ、タレントのゲイ、いろんなゲイから好きだと言われてきました。ひとくちにゲイといっても、さまざまなタイプがいるので、あくまで個人的な記憶に照らし合わせた話ですが、モテる側からすると、そんなゲイは、女に扮していているわりにやはりどこかに男の性分を残していて、騎馬戦さながらの突進で求愛してくるわけです。また、ほとんどのそういったゲイは濃い香水を身に纏っており、その突進とともにもたらされた刺激的な香りによって、鼻の粘膜はごりごりに翻弄されたものでした。

「ちょっとごめんなさい、僕は頭も体も女の人やないと好きになれないんですよ」

この常套句を返しますと、ゲイからは常套句が返ってきます。

「そういうこと言う人が一番ゲイを好きになるのよ」

勘弁してください、と言って、これで一段落という感じにさせていました。今となってはもちろん、あの当時からそれはあほみたいな、笑いの介在する戯れでした。

だからこそ、立法機関での、性的マイノリティへの理解増進を目的とした法案についての討論などを目の当たりにすると、あのときのゲイはこれについてどう思っているんだろうと考えるんですよね。生まれたときの体は同性だけれど、頭は異性である出演者の下半身を触ってきたあのゲイ、頭は異性である客の膝にずっと手を乗せていつか股間を触ろうと狙っていたあのゲイ、抱きしめてくれと懇願してきた身長2メートル近くあるゲイ。性自認を理由とした差別が許されないのは当然ですが、あのゲイたちは、性の細かい法制化が整ってしまうと、今までの性的自由地帯の住民から、はっきりとしたこの性の人と住み分けされてしまうのか、とぼんやり思いを馳せるんです。

不同意わいせつ行為は犯罪ですよね。あのころ出会ったゲイは、男の股間を触る行為を、不同意であっても同性の戯れと考えて、合法に捉えていたはずなんです。しかし、細かい性が法律によって区分されてしまうと、あのゲイたちが今までの感覚で男の股間を触ったときに、不同意わいせつ罪に問われる可能性があるかもしれないと懸念してしまうのです。男の図体まるだしで長い睫毛をつけて、派手なスカートから毛深い脚を出しているゲイが両手に手錠をかけられていたら、正直なところ悲しいです。

みなさん、性的マイノリティへの理解について、世界のレベルがどうこうとか日本は遅れているとかごちゃごちゃ言うてますが、この日本において、あのゲイたちは、かなり早い段階から体は男で頭は女で男が好きだと主張していましたよ。そんな潔い正直さに、敬意を表したいと思っています。

うちの子どもたちが、今後どのような性自認をしていくか、まだ確定はしておりません。今のところ、娘は人形やお絵描きが好きで、息子は刀やお絵描きが好きです。確定はしておりませんが、この感じだけでもほぼ間違いなく、娘は女として性自認し、息子は男として性自認するだろうと思っております。成長過程では性自認にゆらぎが感じられるときもあるかもしれません。そんなときは、本人の自認がはっきりしないうちは体と同一の性として接しますが、最終的には本人に委ねるのが道義かなと考えております。

ある程度こちらから仕向けたことで子どもの感性に土台が備わったら、その後は、めちゃめちゃ自由にさせようと思っています。どんな相手と恋愛関係になってもいいし、どんなプレイをしても関与しません。ただ、公衆の面前でキスするようなことがあれば、しばきます。

お悩み

娘に「女の子らしさ」を求めてしまいます

13歳になる息子、11歳になる娘を持つ母です。息子には大らかに接することができるのに、娘には「女はこうあるべき」という価値観を押しつけてしまいます。お気に入りの2着のパーカーとジーンズばかり着ているのを、「もっとオシャレすればいいのに」と言ったり、黒いヘアゴムしかしたがらないのを、カラーゴムも使ってみれば？と言ってしまったり。太らないようになるべくヘルシーな食べ物を食べさせるようにもしています。自分がオシャレに興味のない子どもだったからこそ、同じようになってほしくないのかもしれません。子育てにおいて女らしさ、男らしさってどこまで言っていいものでしょうか。

45歳女性・飲食店勤務（夫、長男13歳、長女11歳）

回答

正々堂々と言えることですが、個人的には古風な躾を心がけているので、男らしく、女らしく、と育てるのは大賛成です。

うちも息子がちょっとしたことで泣きそうになると、「男やろ。泣くの我慢しなさい」と忠告しますし、娘が胡座をかいて股を晒していると、「女の子やからその座り方やめなさい」と勧告しています。そうして、子どもたちがその通りにしてくれると、「よしよし、偉い偉い」と頭を撫で撫でしています。

昨今、男らしく女らしくと唱えにくい世の中になったような気がします。確かに、男女問わず社会に出て、有意義な仕事ができる環境作りはとてもいいと思います。家庭内の育児にしても、男女問わず参入する風潮は、助け合いの上でとても大事なことだと思います。ただ、子どもの躾に関してだけは、本人への抑圧や、過剰な性役割の押しつけにならない限りは、男らしく女らしくの言葉を刈らないでほしいのです。「男らしくしなさい」と育ててもらった者からすると、その言葉の正統性が今なお光沢を放っていて、「女らしく」の札とともに和の御膳にそっと添えられていなければならないように思うのです。どうですか。日本男児らしい美しい表現でしょ。

人間は身体も成長しますが、感性も成長します。子どもの外見を美しく飾ってあげるのは、対人での好感度や清潔感を養っていく上で男女問わずとても大切なことだと思います。一つ気をつけなければならないのが、早いうちに美しさを与えすぎると、ど派手を招きかねないということです。中学に入って、お嬢さんが髪を銀色にしたいと言い出したら、どうしますか。舌を深緑色にしたいと言い出したらさせますか。おそらく困惑しますよね。「中学生の女の子らしく」してほしいと思いますよね。

いつか養われた感性が花を咲かせるときがきます。それがおしゃれに目覚めるときだと思います。同性だから照らせる理想を、押しつけることなくゆっくり注いであげて、最終的にはお嬢さんの未来に、自らの意志で生み出す自由なおしゃれを残してあげてください。

自由な感性が花咲く未来を待とう

お悩み

娘が鼻を整形したいと言い出しました

春から中学に進学した娘が、美容整形に興味津々です。先日誕生日だったので何がほしいかと聞いたら「永久脱毛」と言われました。さらに、日々SNSで綺麗に加工された女の子たちの写真ばかり見ているからか、鼻の形がブスだから整形したいとスマホで調べまくっています。「親からもらった体なのに」といった考えはありませんし、どうしてもコンプレックスがあるなら、成人して自分でお金を貯めてやるなら好きにすればいいと思います。しかし、十代前半から（むしろ思春期のこの年齢だからこそ興味を持ってしまうのかもしれませんが）容姿のことが最優先になってしまう娘の志向が心配です。

44歳男性・会社員（妻、長女13歳）

回答

十代前半の女の子が美に興味を持つのは正常な営みでしょうから、その点はご安心ください。個人的な標語では、整形より化粧のほうがお得でもっとかわいくなれるよ、というものがあります。白ごはんは白ごはんのままだからおいしい卵かけごはんにもなるし、おいしいカレーライスにもなります。白ごはんが白の金平糖になってしまったら、卵かけごはんにもカレーライスにもなりません。この例えが正しいかどうかはあずかり知りませんが、原形はそのままで塗るものや塗り術を変えるほうが、味わい方が増えると思うのです。つまり、一時的に化ける美学です。

普段は化粧の薄い子がたまに濃い口紅で誂えてきたとき、いつも髪の毛を下ろしていた子が上のほうで束ねてきたとき、意識もしたことがなかったけど急にまつ毛が立派になっていて目が輝いていると思わせてくれたとき、そんな女の子の施工にどれほど心を打たれたことか、思い出すだけで鼓動がフォルティシモに唸ります。

名曲は名曲であり続けますが、やがて売り上げは下がります。それが諸行無常の理です。あんなに時代を席巻したMDも、今は多用する人を見かけません。やはり諸行無常です。全ては移ろいゆきます。美貌もそうです。整形によって作られた美貌もそうです。やがて古びていきます。

化粧はどうでしょうか。化粧品は使ったら減り、いつかはなくなります。諸行無常です。化粧の仕方はどうでしょうか。こちらもブームがあります。いつまでもお立ち台ギャルのメイクの人はいません。時とともに流行りは廃れていきます。ただ、廃れたらまた別の新しいブームがやってきます。化粧なら、そんな別の流行りに移行でき

流行を意識した休日の化粧を教えてみては？

ます。

　ということで、まずは休日のお化粧を娘さんに教えてあげてはいかがでしょうか。学校での集団生活に迷惑をかけないなら、少なからず大人の世界を子どもに覗かせてあげるのは重要だと考えています。あと、視力もまた諸行無常ですので、スマホの情報入手より雑誌が目に優しくていいと思いますよ。背伸びのおしゃれ雑誌を買ってあげて、時代の化けに合わせて化ける技術を養わせてあげてください。

お悩み

中3の息子にコンドームを渡すべき？

中学3年になる息子が、少し先の休みの日にガールフレンドとディズニーランドに行くそうです。門限は22時とし、節度ある行動を心掛けるように伝えましたが、わが息子ながらチャラいところがあるので、念のために避妊具を渡しておくべきか悩んでいます。妻にはいくら何でも気が早すぎると言われたのですが、自分自身経験年齢が早く、周りも中学生で初体験を済ませているコが多い学校でした。高校時代に望まない妊娠を経験した女友達もいたので、どうしても心配になってしまいます。学校でも家でもきちんと性教育を受けたことがないのに、いきなり避妊具だけ渡しても、藪蛇になってしまうでしょうか。

45歳男性・自営業（妻、長男14歳）

回答

大学時代、彼女でもない女の子に「家に泊めてくれ」とお願いすると、「絶対いや」と断られ、「大丈夫やて。コンドーム持っていくから」と念押しすると、「もっといや」と突き返されたことがありました。愉快なひと時でした。

大人が子どもにコンドームを持たせるのは、セックスしてこいという意味です。

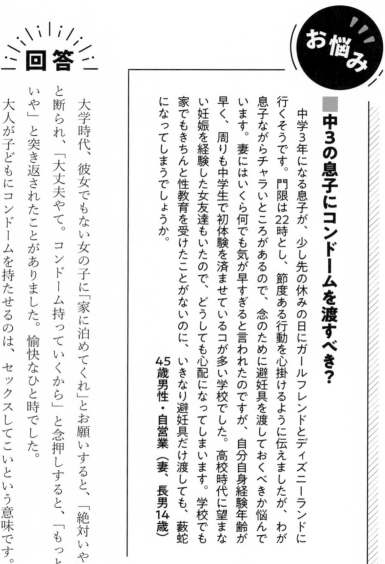

絶対に持たせないでください。もちろん女性用の避妊具も持たせないでください。息子さんの情欲に関する自主性を奪うことになります。やめてあげてください。今の時代、親が14歳の息子に「セックスしてこい」と言うべきでしょうか。昔の大名など、言うべき要因がある場合なら言うべきだったのでしょうが、そんな要因がないなら言うべきでないというのは理解していただけると思います。

しかし相談文を熟読すると、どうやらお父さんは、息子さんが生でセックスする事態を危惧していらっしゃるようです。ならば、お父さんは息子さんに、「ゴムつけてセックスしてこい」と言うべきでしょうか。今もしお父さんが、よし、そう言おう、とお考えになったのなら、勘弁してください。まずは、コンドームに全面的な安心を委ねて、それを子どもに奨励する傾向を見直しましょう。まずないとは思いますが、もしコンドームの先が破れていて、生でセックスしたのと同じ状況になったら、せっかくの危惧が台無しになります。

ではここで、息子さんが次のデートのときに、セックスをしない方法が一つだけありますので、そちらを伝授させていただきます。

今すぐ、女の子の排卵と生理と受精から出産に至るメカニズム及び苦労を、お父さんから息子さんに教えてあげてください。モテる男とモテない男の差の一つに、それらを理解しているかどうかがあるように思います。もちろん理解しているほうがモテる男です。理由を説明するのはあまりに無粋なので割愛しますが、息子さんにはぜひモテる男になっていただきたいです。大学時代、なにもわかっていなかったくせに、モテる男を説いてすみません。とどのつまり、モテるくらいに理解した男は、決して女の子が望まないことをしないと考えられるのです。

ここで残念な報告になりますが、今回、息子さんのガールフレンドが望んでいるのはディズニーランドです。女の子が息子さんを本望とするデートであれば、目的地は別でいいはずです。ところがディズニーランドが目的地なわけですから、ガールフレンドは息子さんの生どころかゴム付きも望んでいません。ディズニーが本望で、それを煌々と彩る同伴者が息子さんです。あの美しい城が、わが息子も天を突き刺す形状になるのだと父を惑わしたとしたら、それは魔法でしょうか。

排卵、生理、受精、出産の苦労を教えよう

お悩み

浮気や不倫について子どもにどう説明すべき？

私の友人男性で、「父親は実の父親ではない」「本当の父親は母親が浮気していた男性」「母親は離婚せずに浮気相手の男性の子ども（自分）を産んで、夫と育てた」という複雑な家庭で育った人がいます。息子は「何で離婚して相手の男の人と結婚してから子どもをつくらなかったの？」と解せない様子。結婚については何となく理解しているけど、浮気や不倫を理解していない息子にしてみれば真っ当な疑問だと思います。でも、浮気や不倫を肯定するわけではないですが、私の友人やその親御さんを否定する説明もしたくないのです。「いろいろなかたちの家族がある」とわかってもらうためにどう答えるべきか悩んでいます。

45歳女性・会社員（夫、長男10歳）

回答

少し10歳のころを振り返らせていただきます。祖母がしょっちゅう開いていた井戸端会議の隣で、よく盗み聞きをしていました。そこでは、晩のおかずや裁縫だけでなく、よその家庭の複雑な事情にまで話が及びました。そういうときに、祖母は声を小さくしました。急に聞こえなくなるものですから、「今なんて言ったん」と聞いたものです。すると祖母は、「聞かんでええ」と突き返すのでした。

10歳の息子さんにとって、この類いの複雑な話はまだ聞かんでええ話なのかもしれません。ところが、息子さんは「子どもをつくらなかったの」と発言していらっしゃいますから、既にいわゆるセックスの理屈を知っていることが窺えます。10歳のころなんか、子どもは「できる」と思っていましたからね。

また、「離婚して相手の男の人と結婚してから」との発言がありますので、一夫一妻制についても理解をしていらっしゃることが窺えます。一夫一妻制を知っていて、更に子づくりを知っているくらい成長されているのであれば、聞かんでええ話を早いうちに教えるべきなのかもしれません。なぜなら、正しく理解させる必要があるからです。安直にテレビなどのスキャンダルによってこういう情報を植え付けてしまうと、敵と味方のような一面的な感覚に陥るおそれがあります。それらを正しく理解させる行程を説明するため、少し11歳のころを振り返らせていただきます。

小学5年のとき、クラスに転校してきた女の子がいました。食欲旺盛で、活発で、おばはんくさい喋り方と立ち振る舞いで、すぐに好意を抱きました。ある日の放課後、男子3人で好きな女の子を言い合うことになりました。恥ずかしいながらもその子の名を告げると、男子2人は意外な顔をしました。一気に赤面すると同時に、あともう一人、先ほどとは別の女の子の名前も挙げて、咄嗟にどちらも好きだと言い逃れたのでした。今から思えば情けないことです。理想のタイプがマニアックだと思われるのが怖くて、複数人を挙げてマニアック感を薄めたのです。

あの情けない思い出にはピンク色のアンダーラインが引かれていて、それがずっと、同時に2人くらい好きな人はいるものだと甘やかしてくれました。しかし、日本古来の神々や、命を繋いでくださった先祖代々に誓って、一人を選ばなければならないときは来ました。今、妻と子に恵まれていますが、その妻こそ、小学校も別々の、今回この回答に全く出てこない人です。

そんなドラマや小説みたいなことは滅多にありません。それでいて、事実は小説より奇なりです。ぜひ息子さんに、事実は小説より奇なりと教えていただき、あとは自力で学ばせてあげてください。

小説より「奇」な現実を学ばせよう

第6章

子どもと進路

親が進路を決める主役になってはいけない

中学3年で高校受験を経験しましたが、親の干渉を受け付ける余裕なんて全くありませんでしたよ。自分の思うままにまっしぐらという感じでした。なんなら、担任の先生がくださった助言も聞く耳を持ちませんでした。ただひたすら、「この高校に行きたいんじゃ」と唸っていました。反省する部分も多いですが、あの時期にしか経験できないわがままな気概を大人に容認してもらえていたような気がしていて、そこに恩義を感じています。この経験から、中学3年時におけるわが子の第一志望については、完全に放任を貫きたいと思っています。第二志望については、もし子どもが第二志望を掲げていなかった場合のみ、「掲げや」と助言しようと思っています。

また特に今、わが子に絶対こうなってほしいという願望を抱いておりません。もちろん、健康で思いやりのある子になってほしいという願いは人並みに持っておりますが、ついでに、おもんない子になってほしくないというのもありますが、仕事や学校がこうであってほしいという具体的な要望はないんですよね。そして、それくらいの感覚のほうが、子どもの進路を認めやすくなるかなと考えています。とはいうものの、国立か公立の学校に行ってくれたら安くて嬉しいなあと想像はしています。

中学受験に関しても、子どもがやりたいと言えば、やらせてあげようと思っています。やらないなら、それはそれで無理やりやらせることもしません。そんなことより、とにかく中学に進んだら、中間テストや期末テストは5教科なら450点以上、9教科なら800点以上取れと指導する予定です。取れたら300円あげる方針で計画しています。農業は草と虫との戦い、中学は中間テストと期末テストとの戦いです。それらの攻略法を学ぶ有意義な3年間でもあると思っています。私立中学であれ公立中学であれ、その点は変わりないのではないでしょうか。

中学受験戦争が激化していると言われていますが、都心部と田舎では、中学受験に対しての認識は大きく乖離していそうですね。田舎で育ちましたから、同年代の中学受験は完全にテレビの世界という感じでした。今も中学受験についての意識は、田舎派です。反対はしませんが、受験は高校受験からでいいと思っています。猛勉強も、中学からでいいと思っています。これらはなにを参考にしているかと申しますと、全て自分なんです。過去の自分が進んできた経路が、子どもにとってもちょうどいいのではないかと考えてしまうのです。不思議なんですが、とても中道のように思えるのです。遅すぎることもなく早すぎることもない、ちょうどいい環境だったと振り返ることがあります。本当にみなさんのおかげです。

昨今、情報化が進み、年齢を問わず誰しもが小忙しい世の中になってしまったと思います。あのころはまだゆったりしていました。かといって、ゆったりしすぎているわけでもなく、なにかと期限のようなものがあり、時には急がなければなりませんでした。とにかく、必要のないものはなく、必要なものが少し先にありました。現代社会は、必要のないものも手の届くところにあり、必要なものも手の届くところにあります。これはつまり、いらないものを切っていく時代に突入しているように感じられるのです。

その方法こそ、田舎暮らしだと思うんです。少し先にある必要なものを求める暮らしは、とても有意義です。都会のホームセンターと田舎のホームセンターの味くらべをしたことはありますか。都会のホームセンターには置いていない商品が、田舎のホームセンターには置いてあります。都会にはなんでもあって、田舎にはないという現象の反転が起こっています。エルメスの鞄やカルティエの時計は都会のお店にしか置いていませんが、コンバインのベルトや玉ねぎ用のマルチシートは田舎のお店にしか置いていません。コンバインのベルトが熱で切れてしまい、少しだけ先にあるホームセンターで吊るされたコンバインのベルトを見つけたとき、どれほど嬉しかったか、それは、旅先のタクシー内に落としたスマートフォンが手元に戻ってきたときくらい嬉しかったんですよ。

子どもにも、こんな種類の感動のほうを味わってもらいたいと思っています。中学受験をして志望校に合格したら、それはそれは今までの苦労や励みが結果として還元されたわけですから、その喜びもひとしおだと思います。親の喜ぶ顔も最高の副賞だと思います。子どもにとっての有意義な部分はとても理解できます。ただ、親が主役になってはいけないと考えています。幼いころから勉強ができる子になると、自分の実力を試したくなって、最終的に受験に興味を持つのは自然な流れでしょう。喧嘩もそうです。幼いころから強いと謳われると、その実力を試して更に評価してもらいたくなるんですよね。自然な流れならいいんですが、親がぐいっと、お前は受験をして合格して賢さを世間に示せ、という感じにはならないようにしたいです。それより、お前らが育てたいちごができたから、自分で摘んで食べてみ、をしたいのです。食べた時の子どもの顔を想像してみてください。

感動を与えられたあのとき、口をすぼめて感動を隠そうとしていたあの瞬間、大人はあの恥ずかしそうな顔を見て喜んでくれていたと思い出すのです。

オレ
お笑い芸人
になる！
え!?
キングオブコント

お悩み

奨学金を借りてでも東京の大学に行かせるべきか

大学受験を控えた娘と、進路のことで揉めています。親としては、自宅から通えて無理なく学費も支払うことができる地元の国公立大学に通ってほしいのですが、娘は志望する学部が東京の私立大学にしかないし、将来も東京で働くつもりだから、東京の大学に進みたいと言います。東京の私大に進んだ場合、学費分は親の収入で賄えると思いますが、独り暮らしの費用を考えると本人のアルバイトに加えて、奨学金を借りるしかありません。行きたい大学に行ってほしい、やりたい道に進んでほしいとは思いますが、奨学金の返済に苦しんでいる人のニュースも目にします。東京の大学に進むことを後押ししていいのでしょうか。

48歳男性・自営業（妻、長女17歳）

回答

返還の義務がある奨学金を、貸与奨学金といいます。貸与奨学金の借入総額は一人平均300万円以上になるようです。奨学金を借りたほとんどの学生は、大学を卒業すると返還を始めていきます。毎月1万5千円を返すとしたら、300万円完済するまでに17年ほどかかります。どうでしょうかお父さん、お嬢さんは将来、自分が選んだ仕事を邁進しながら、借りていたお金を17年間返しそうですか。返しそうな雰囲気を醸していらっしゃったら、ぜひ後押ししてあげてください。一生に一回の大学生活になるでしょうし、やらせてあげたいですよね。具体的な後押しとしては、やはり貸与奨学金を教えてあげてください。親御さんの所得によって無利子か有利子かは変わりますが、有利子でもそんなに金利は高くありません。

つまり、将来の自分が大学生の自分に仕送りをして東京で暮らしていく覚悟はあるかと、お嬢さんに確認していただきたいです。地元を離れた大学生なら、大抵の学生が親から仕送りを受けているのではないでしょうか。お嬢さんが、みんなと同じように仕送りもご両親から欲しいと言った場合は、「無理」と返すしかありません。ぜひ奨学金の話をしてください。

地元の国公立大学に自宅から通わせたいというお父さんの意図は、今のお嬢さんからすると、全く興味のない路上ミュージシャンの歌を4年間毎日聴き続けなければならないような難儀だと考えられます。でももし、地元の国公立大にお嬢さんが目指している学部によく似たコースがあって、そこの出身者がお嬢さんの就きたい職業に就いているとしたら、お嬢さんは考えを変えてくれる可能性はあります。地元の国公立大の学部や学科、専門のコースなどを徹底的に調べてください。また、似たようなものを見つけ次第、卒業生の職業や展開を調べてください。

案外、地方の大学にもユニークな学科が登場しています。相談文にある地元を勝手に田舎だと把握させてもらいますが、空気のいい、自然に囲まれた場所で学問を修めるのは、自由な発想が促進されそうですし、お勧めですよ。お嬢さんにとっても、利点はたくさんあると思います。お嬢さんは今、大ヒット中のミュージシャンに会うため、チケットを勝ち取ろうとしていらっしゃいます。家の前でいつもエレキギターを大音量で弾きながら歌っていた路上ミュージシャンは、お嬢さんにとって今まで迷惑でしかなかったけど、よく聴くとお嬢さんへのラブソングだったとしたら、お嬢さんはどう思いますかね。なんとも思いはりませんかね。

お釈迦さんは、苦行から中道へ、男性信者限定から女性信者許可へと、考えを変えてはります。

希望を尊重しつつ様々な可能性を提案しよう

お悩み

中学受験前の娘がスマホ三昧でやる気ゼロ

東京郊外の小学校で学年で1番だった娘。中学受験を決意し、意気揚々と小学5年から塾に通いはじめましたが、早くから受験準備を始めていた子にはかなわず、現状中の下程度の成績です。今の成績では行ける学校も限られるし、私学に行くメリットがないと思い、合格請け負い人として名高い家庭教師を頼んだのですが、1コマ2万円！　それでも成績が上がる気配はなく、娘は嫌気が差したのか目を離せばスマホ三昧でアイドルグループＪＯ１に夢中です。やる気がない子に無理をさせても仕方がないと思いつつ、やる気さえ出せばもっと上に行けるのではとあきらめきれません。受験まであと一年、どうすべきでしょうか。

42歳男性・会社員（妻、長女11歳）

回答

アイドルに熱中するのは年齢的に正常なことですが、アイドルを楽しみたいならテレビかコンサートが最良だと教えてあげてください。アイドルのあまり聞けない話を聞きたいなら、ラジオが最高だと教えてあげてください。スマホは人間にだらだら使うことを促す機械です。受験生にだらだらは相応しくありません。

ということで、スマホの使い方をお嬢さんと決めておくのが良策だと思います。例えば、一回いじりだしたら1分で終わる、1分以上いじっていたら没収する、いじる間隔は1時間以上空ける、1時間以上間隔が空いていないのにいじったら没収する、とかです。1年間守れたら何か買ってあげる約束も忘れずにお願いします。ぜひポケベルを買ってあげてください。若者に怒られるかもしれませんが、正直、小学生や中学生にスマホは必要ないと考えています。自分の小中学生時代を思い出しても、やはり必要ありませんでした。いや、必要ありませんでしたではなく、ありませんでした。ありませんでしたから、スマホに時間を奪われることもありませんでした。では、スマホをいじる代わりに何をしていたかと申しますと、専ら想像をしていました。

脳みそを研究していらっしゃる先生に、スマホは脳によくないと教えてもらいました。受験勉強に大切な集中力にも影響するそうです。実際、スマホに没頭している時の集中力は、スマホ以外のことに没頭している時の集中力に比べて低いそうです。確かにスマホには機能が詰まりすぎています。天気を見ながらすぐに株価を見て、その後すぐにSNSを見て、その中に出てきたかわいい女の子の名前を検索して、検索したところに書いてある言葉が気になったらその意味をすぐに調べて、調べている最中にメールが届いたお知らせに釣られてメールを見たりします。

こんなふうに情報を転々と渡り歩いていたら、集中しているわけないですよね。それどころか、集中の主たる対象が定まっていません。おかげで、「さっき何を調べようとしてたかな」が連続する日々になってしまいました。

その点、想像は集中できます。アイドルの子と偶然マンションのエレベーターで一緒になって、偶然ですが同じ階で降りて、偶然、いや必然的に部屋が隣で、不安だから部屋に泊めてほしいと頼まれ、その子を部屋に招き入れて、ほら、完全に集中していますよね。集中の主たる対象が突出しています。それにしても、学年1番だったとはすごいですね。相当、集中して勉強されてきたのですね。JO1のコンサートで熱狂している自分を想像させてあげれば、受験勉強も自然と集中できます。

ぜひ合格通知はポケベルに届けてもらってください。あ、ポケベルはもうサービス終了していましたね。

スマホの使い方を決めて集中力を養おう

お悩み

娘を大学付属の中学に入れるか悩んでいます

次女の中学受験を1年後に控え、志望校を絞っていきたいのですが、第一志望を進学校にすべきか、大学付属校にすべきか悩んでいます。大学付属だと今後受験で大変な思いをせずに済むので、中高の6年間をのびのび過ごすことができるし、親としても気がラクです。ただ、向学心の強い娘なので、親のエゴで付属校に入れてしまうことで、大学進学時に選択肢を狭めてしまうのではないかという懸念もあります。進学校で切磋琢磨しながら勉強して、進みたい道に合った大学・学部を選ばせたほうがいいのかもしれない気もしています。どちらが娘にとってより豊かな人生になるでしょうか。

48歳男性・会社員（妻、長女15歳、次女11歳）

回答

そんなに悩むこともなさそうですよ。最近は大学付属の中学や高校でも、他大学への受験を積極的に指導するところが増えているようです。中には、内部進学率が3割を切る付属校もあります。内部の大学への進学を強制する学校はまずないでしょうから、進路の選択肢を狭めてしまうこともなさそうですよ。私立の付属校に進んだ娘さんが、もし途中で東大を目指したい、国立の医学部を目指したいとなれば、しっかりそれらの道に進むことができそうです。

ですから次に進む中学校は、進学校でもいいですし、付属でもいいですし、受験は高校までお預けして中学受験はしなくても大丈夫です。もちろん通うのは娘さんですから、娘さんが通いたい学校を選んでいただくのがいいと思います。

ところで、相談文の最後にもありますが、結局はお子様に豊かな人生を送ってほしいわけですよね。同感です。

そう考えると、受験勉強で切磋琢磨することも豊かな経験になりますが、また、中高6年間でクラブやバイトに励むのも豊かな人生になりますが、豊かな大地で農作業をさせてあげるのも豊かな経験になると思います。そして、自分で育てた農作物を調理させてあげて、食べて、食に感謝できれば最高に豊かな人生ではないでしょうか。

小中学生のころ、実家の田畑で農作業を手伝っていましたが、あの経験はとても豊かな人生の糧になったと感謝しています。逃げる蛙に上手に小便をかけて怒られたことも、豊かな人生の一因を担っています。

川遊びも、豊かな人生を育むための神髄が秘められていると思います。川の小さな生命に触れることで生き物を大切にする心が豊かになり、気持ち悪い生物を目の当たりにすることで優しさが育ちます。そして豊かな水のおかげで生活が循環していることに気づき、遂には地球への感謝が生まれ、助け合いの精神を育めたら、それこそ豊かな人生ですね。

受験生は屋内に閉じこもりがちになって、ついついこれらの育みから遠のいてしまうのですが、自然との戯れこそが人生を豊かにするのだと信じています。山もいいですね。山川豊さんですね。

豊かな人生に繫がるなら心配は無用

お悩み

中学受験をさせる意味はあるのでしょうか？

地方出身の自分からすると、東京の子どもたちはかわいそうだと思ってしまいます。遊ぶ公園もなく、共働き家庭が多いために友達の家に遊びにいくことも少なく、周りの友達も塾や習い事で忙しく、遊び相手もいない。最近、小学校４年生から進学塾に通わせても、ほとんどの人は、行ける大学はＭＡＲＣＨ以下という記事を読みました。なら、塾なんて通わせずに小学生のうちは遊んでいればいいと思うのですが、周りは中学受験を見据えている家庭も多く、うちの子どもだけバカになるんじゃないかという不安もあり、小学生からどの程度塾に通わせるべきか、中学受験を視野に入れるか悩んでいます。

45歳男性・会社員（妻、長男11歳、長女９歳、次男３歳）

回答

確かに都会の子どものほうが、中学受験をするイメージがあります。以前、大晦日の深夜に鉢巻きを巻いて塾で勉強している小学生の映像を観たことがありますが、あの塾も都会でした。拳を上げながら決意を唱和する小学生の発音は、東京弁でした。それを観たときに少し気の毒だなと感じたのは、大晦日なら炬燵で蕎麦だと信じていたからでしょう。

ただ、そこに映し出された子どもたちには、燦然たる目標がありました。また、目標を達成するために娯楽を捨て去る覚悟が滲んでいました。そして、志望校に合格してお父さんお母さんを喜ばせたいという意志も溢れていました。美しい精神だと思いました。ことにその美しさは、気の毒さを凌駕していました。

合格する子もいれば、不合格になる子もいます。せっかく若いころから大人顔負けの苦労をしているのであれば、全員を篩《ふるい》に残してあげたいと思うのは大人の摂理ですが、現実は粉のようにさらさらと落ちます。東京都の中学受験をする小学生は年々増加しているそうですから、篩の目は年々粗くなっているかもしれません。

これは持論ですが、テストにおいて大切なことは、テストでいい点をとることではなく、テストのためにどれだけ必死になったかということだと考えています。

例えば、任意で出されたパジャマを2秒で着られるか、というテストがあるとします。2秒以内に着ることができれば合格、それより遅ければ不合格となります。では、このテストに挑む子は前もってどんな訓練をするでしょうか。おそらく、パジャマを素早く着る練習を繰り返すでしょう。何回も何回も迅速にパジャマを着て、2秒以内

失敗しても挑戦は必ず糧になる

に着るための技、要領、効率、合理性を発見するでしょう。

いざテストとなると、課題として出されたパジャマは少し重い素材で、それでいて滑りやすく、今まで練習に使っていたパジャマとは勝手が違うものだったとします。

それでもテストに挑んだ小学生は、なんとか2秒以内に着ようと、今まで培った才能や集中力を一気に発揮し、3秒でパジャマを着ました。結果は不合格。パジャマにおじゃまと篩い落とされたわけですが、蕎麦粉なら別によくないですか。篩から落ちても、蕎麦粉は蕎麦になり、そのうち立派な器が与えられますよ。

お悩み

息子が将来は芸人になりたいと言い出しました

息子は現在高校2年生。進路について話していたら「大学には行かずにNSCに入ってお笑い芸人になりたい」と言い出しました。お笑いが好きなのは知っていましたが、芸人になりたいと言い出すとは思わず戸惑っています。夢を持つのはいいことですが、厳しい世界で成功できるのは一握り。うまくいかなかったときに就職しやすいように大学は行ったほうがいいし、芸人を目指すにしても大学でさまざまな知見を広げるのは悪いことではないと思います。勉強がイヤで安易に「芸人になりたい」と言っているようにも見えてしまいます。大卒の芸人として活躍する哲夫さんのアドバイスをいただけないでしょうか。

48歳男性・会社員（妻、長男16歳）

回答

これはなんのアドバイスを欲していらっしゃいますか。限られた文字数で端的にお答えしていますので、相談の的を絞っていただいたほうが提案に満足してもらえるかと思いますが、今回は朧げな相談なので困惑しています。なんか、バッターボックスで構えていたら、ボールを投げるはずのピッチャーから、うどんの麺がいっぺんに20本くらい飛んできた感じです。「さあピッチャー讃岐投手、第一球投げました。ストレートのうどんがいっぱいだ。バッター、麺が多すぎて打てない」と、ラジオから聞こえてきそうです。また、ラジオのスピーカーの小さい穴の群れから無数のうどんがぐにゅっと出てきそうです。

さて、プロの大卒芸人の表現力を味わっていただいたところで、勝手に相談の的を絞らせていただきます。

とにかくお父さんは、息子さんを大学に進学させて、そのまま大卒で就職させたいから、今、どうすれば大学入試のための勉強をさせることができるか、というご相談ですね。また、子どもの夢は大事にしてあげたいけれど、息子さんが芸人として成功するのは99%無理だから、さりげなくあきらめさせてあげる方法はないか、という第二の相談もありますね。では早速、解決策を講じてまいります。

しかしながら、ご相談が二つに分かれているため、これらを纏めて一気に解決しようとすると、朧げな回答になってしまう恐れがあります。朧げはもうこりごりですので、二つのご相談に対して、一つ一つ個別に回答いたします。

まず一つ目のご相談ですが、これは簡単に解決します。「大学に受かったら芸人になってもええぞ」と言えば一発です。息子さんは直ちに受験勉強を始めるでしょう。

次に二つ目のご相談です。そもそも、同じ人間が16歳で志す夢と、18歳で志す夢と、20歳で志す夢が全て同一かというと、ほぼそんなことはありません。成長の過程で憧憬は右往左往します。しばらく放っておきましょう。

それはそうと、芸人になりたいと言えて、それを親御さんが頭ごなしに否定しない家庭っていいですね。ただならぬ温かさを感じました。おそらく、洗面所にはふわふわのタオルが掛かっているようなお家ではないでしょうか。息子さんからしても、居心地のいいお家に違いありません。しかし、居心地のいい親元で下積み時代を過ごしてヒットした芸人を知りません。芸で大成したいなら、早いうちに親の手を離れる必要があります。洗濯など、身の回りのことを一人でこなしていくことによって、自分自身が商品であり表現者であることを自覚し、成功の妨げとなる甘えを捨てられ、ダウニーなどの語彙を養えます。自宅から通えない大学だったら売れるかもしれません。

夢は右往左往するからひとまず見守ろう

第7章

子どもと自我

教えた言葉が自我を育てる

言葉をどう教えるか、やはりこの課題が占める役割は大きいと思います。子どもに言葉を与えてあげることで、子どもは自身を説明し、希望を語ります。小学校に入れば飛躍的に言葉を習得するのはさすが義務教育というところですが、その前に教えるとなると、基礎的な力を含め、なかなか指導に前例というものが定まっていないように思います。しかし、この小学校就学前の言葉教育が、途轍もなく大切なように思うのです。

○○するやつ、という言葉があります。子どもはよく使います。動くやつ、食べるやつ、拭いたやつ、炊いたやつなど、動詞の現在形や過去形にやつをつけて、子どもなりにわかりやすく説明してくれます。熟語を習得する準備段階だなと微笑ましく観察していきます。○○のやつ、という言葉もあります。お父さんのやつ、子どものやつなど、やつの前に人を指す言葉を置いて、誰の所有物かを説明してくれます。子どもにとって、持ち主は非常に重要案件なんだなと観察しています。誰の「何か」までは難しければなかなか言いませんが、やつは、何かまできっちり言えるように足掻いている姿だと感じます。誕生日ケーキの蝋燭に火をつける時など、お父さんのライターまでは言えませんが、お父さんの火つけるやつ、という言葉の組み合わせによって、そのものを指示しています。ライターという単語がすぐそこまで来ているという感じがします。こんなふうに、子どもの表現力に寄り添うのはとても有意義なことです。

表現とは、ある程度の気晴らしでもあると勘繰っています。文学の世界でも、書くことが人間の営みの中のなんらかの発散になっているような気がします。夏目漱石さんは、『坊っちゃん』において、めちゃめちゃ発散させてはるように感じました。ラジオのトークにしてもそうです。町で遭遇した腹の立つ人の話をして、その苛立ちを聴衆に共有してもらうことで、少し気分を浄化しているところがあります。子どもも同じだと思うんです。きっちりと言葉を並べて表現することによって、本人の中で鬱屈していた感情の整理がつくような気がします。となると、やはり表現させてあげたいですよね。〇〇ちゃんの〇〇するところが嫌い、という文章が作れる子と作れない子では、鬱憤の溜め込み方が違うのは一目瞭然だと思います。ただ、あまりなんでも嫌うような性格にはなってほしくないので、好きなところも探すよう、両面から指導したいと思っています。〇〇ちゃんの〇〇するところが好き、という文章を作って発信できる子になってくれると、人から気に入られる子になると考えています。

そして、たとえ無限に言葉を仕込んでも、子どもには言いたくない事例が生まれてくることもあるでしょう。子どもが何か隠し事をしていたら、親はそれを察知して、聞いてあげたいと思いますよね。でもそこは、場合によりけりでありたいなと思っています。聞い子どもに無理やり言わせないことも美学だと思っています。聞かずに放置してくれた大人の優しい顔を、今でも覚えています。

「今日なに食べたい」

言葉を与えておくことで、上手に発散してくれれば、ひきこもったりはしないと思うのですが、もしわが子がひきこもった場合は、旅行に連れていこうと思っています。お釈迦さんもひきこもっていたところ、外に出かけたことがきっかけで、出家を決意されたそうです。体の中に溜まった澱んだ空気を新鮮な空気と入れ替えさせてあげることで、脳みそにも清潔な酸素が送られるのだと信じています。そして、わが子が富士山を見ても黙りを貫いていたら、「嘘つけ」と怒鳴ろうと考えています。意地を通すことの虚無感も、そんな機会に教えられたらなと思います。

子どもの性格は、これも確実に身近な人に似通うものだと考えています。なんか偉そうなやつやなと思ってその子の家に行くと、まずその子のお父さんが偉そうな人だったことは何度もありました。人の内面などをあまり気にしないでズカズカ喋ってくるやつだなと思ってその子の家に行くと、そこのお母さんがめちゃめちゃよく喋る人だったこともあります。つまり、子どもの性格との向き合い方なんていうのは、自分自身を見つめればいいと思うのです。自分の中にくよくよする部分があるから、子どもにもくよくよが備わっていると考えてみれば、自分がその性格をどうしたかったかが思い出せますよね。もし、払拭したいマイナス面の性格があったとしたら、そこを逆の目線から見ることによって、褒めてあげることもできます。くよくよする性格は、慎重に反省できる性格と解釈すればプラスになります。

さて、これは大前提ですが、個性は大事にしてあげたいと思います。画一的に教えなければならないことも多々ありますが、個性を削ぐような指導は好きではありません。お風呂では体を洗いなさいと画一的な指導はしますが、洗う順番などは子どもにお任せしています。息子がちんちんから洗っていると、こいつはちんちんが一番汚れていると思っているんだろうな、とほくそ笑んでいます。記述する必要はないかもしれませんが、娘が肛門から洗っていれば、こいつは肛門が一番汚れていると思っているんだろうなと、笑っています。

パパとママなんで別々に住んでるの？
えーと…

お悩み

友達がいない息子。本人がいいなら放っておいていい？

高校2年生の息子は、部活にも入らず、休日も家で漫画や本を読んだりゲームをしたりしています。「友達と遊ばないの？」と聞くと「友達いない」、「友達ほしくないの？ さみしくないの？」と聞くと「いらない。さみしくない」と言います。中学校のときは今より友達と遊んでいたのですが、高校に入ってからは疎遠になってしまったようです。学校でいじめられているわけでもなく、引きこもったり、不登校気味だったりするわけでもありません。今後社会に出たときのことを考えると、友達との関係のなかで社会性を築いたほうがいい気もするのですが、本人がいいなら放っておいていいものでしょうか。

47歳女性・会社員（夫、息子16歳）

回答

機械と人間ってよく似ているなあと思うときがあります。思った瞬間に、人様と機械みたいなもんを一緒にするとは何事や、この人でなし、と自身の発想を戒めながらも、やっぱりよく似ているなあと思っています。

例えば草刈り機です。さっきまでいきいきと草を刈ってくれていたのに、一度エンジンを切って休憩してみると、次にエンジンをかけようとしてもこれが一向にかかってくれないときがあるんです。そんなとき、昨日まで友達でいてくれたのに、急に喋ってくれなくなった子おったなあ、と考えたりしています。バリカンもそうです。充電式のものが徐々にモーター音を萎えさせていくのは機械の本分として理解できるんですが、コンセントのバリカンを使っていて、ずっと一定で電気が送り込まれているはずなのに、なぜか時々モーター音がぐらつくことがあるんです。そんなときは、よく寝て朝ごはんも食べて体調はすこぶるいいはずなのに、なんか途中からずっと滑舌が良くない日ってあるなあ、と物思いに耽っています。

中学や高校の男子は、なぜかやる気ないふりをする時期があるんですよね。本気出したら余裕やけど、みたいな面をするんですよ。これははっきりと断言できますが、なぜわざわざそんなふりをするかと申しますと、自己防衛力が発動しているからです。いきいきしている同級生たちの頑張りを敢えてダサいと認識することで、晴れ舞台に上がれていない自分と同級生との間に精神の均衡を保つんです。覚えています。

今、息子さんにとって、漫画や本やゲームが非常に興味深い存在であるのは確かなことだと思います。だからこそ、他の交流などを差し置いてそれらに集中しているのも事実でしょう。しかし、お母さんもお考えのとおり、子どもは学校での活動などを通して、大人になってから役立つための多くを学びます。その点、息子さんはしっかり学校に通っているとのことですから、最低限以上のコミュニケーションは強いられていらっしゃいます。当然、学校でのやる気ないふりも、立派な大人になるための一つの通過儀礼です。月は欠けて満ちることを学びます。

そもそも息子さんは中学のときに友達と遊んでいたんですよね。月と人間を一緒にするなんて人でなしかもしれませんが、友達も満ちては欠け、欠けては次は満ちるのではないでしょうか。曹洞宗の道元さんが残された言葉に「放てば手に満てり」というものがあります。いつか周りを素敵な友達で満たすために、今は放っているだけかもしれません。もちろん、ゲーム機放てば別世界が手に満てりだと思いますが、たまに調子悪いゲーム機使えば人に似てると感じて、人付き合いを予習していらっしゃるかもしれませんね。

友達は満ちて欠け、また満ちるときがくる

お悩み

落ち着きがなく飽きっぽい娘の将来が心配です

小学校3年生になる娘は、落ち着きがなく注意力散漫。忘れ物が多く、飽きっぽく、習い事も続かず、何事もすぐラクをしようとします。発想力は豊かなタイプだと思うので、褒めて伸ばしたいとは思いつつ、どうしても「何でそんなこともできないの！」「将来ロクな大人にならないよ」と厳しい口調で怒ることが増えてきました。先日は連絡帳に親のサインをもらうのを忘れ、私の字体をマネして偽造していました。うまく書けていて感心しましたが、私文書偽造です。このままでは将来甘言に乗せられて変な高額バイトに手を出したりしないか心配です。こういう子どもをどのように指導していけばいいでしょうか。

39歳女性・会社員（夫、長女8歳）

回答

ではまず、ご相談くださったお母さんの理想の娘像を、相談文を反転するかたちで羅列していきたいと思います。落ち着きがあり、注意力に長け、持っていった物は必ず持って帰り、興味を持ったことは末永く興味を持ち、習い事は習い終わるまで続け、何事も苦労を惜しまずに行動する、そういうものに、娘を育てたいという感じですね。雨にも負けなそうでいいと思いますが、しんどくないですか。ここまで仕立て上げるには躾の量が多すぎて、お母さんも大変だし、それを取り入れなければならない娘さんも大変ではないでしょうか。

ということで、お母さんが思う娘さんの短所を捉え方の転換によって長所にしてみましょう。

常にフットワークが軽く、常にあらゆる方面に注意を向けていて、自分のものだけに固執することなく、一つの事柄だけに縛られることなく、習得している知識や技術の適性を素早く見抜き、何をするにしても要領を踏まえて体を労る行動ができる、そういう娘さんなのですね。

とても長所が多い娘さんだと思うのですが、相談文にはまだあきらかな長所が書いてあります。発想力が豊かなタイプだと書いてありますが、またそれだけではなく、親が感心するくらいに文字を真似るのがうまいと挙げられています。習字は、基本的に先生のお手本を真似して書きます。そしてよりよく真似ができていると、朱色の丸をもらえます。つまり娘さんは、習字の初歩をマスターしていることになります。そこに発想力が乗っかってくるわけですから、「ありがとうございます」のひらがなを使って、漢字の「感謝」みたいな字体に仕立てるような、書道アートを教えてあげてはいかがでしょうか。

ぜひ、「あまいことばにのせられて」のひらがなを使って、漢字の「犯罪」みたいな字体になるよう練習させてあげてください。気がつけば、成功するまで何度も試みる努力家になっているかもしれません。「おかあさんのことばづかい」のひらがなを使って、漢字の「怒声」みたいにしても楽しいと思います。完成した「犯罪」や「怒声」の文字をトイレに貼り付けて、日々戒めましょう。

短所を長所として捉え直してみて

お悩み

下の子に甘いのを長男が不満に思っています

春から中学生になった長男は、年の離れた弟妹の面倒も見てくれる、責任感のある子に育ちました。しかし不満はいろいろとあるようで、最近も「食べ物を残すなとか野菜をちゃんと食べろとかいうのを僕は守ってきたけど、弟や妹が野菜を食べずにおやつを食べててもお母さんは叱らない」「自分が小学生のときはゲームの時間に厳しかったのに、弟が約束の時間を超えてゲームしていても注意しない」と訴えられました。長男を育てる中で、厳しくしすぎても親子ともども疲弊してしまうと気づき、下の子たちはある程度放任で育てることにしたのですが、そのことを長男には何と説明したらいいでしょうか。

44歳女性・パート（夫、長男13歳、次男7歳、長女6歳）

回答

小学校で分数を教えることの意義にいつも感心させられます。また、そんな学習指導要領に感謝しています。分数の感覚を持っているのと持っていないのとでは、人生の楽しみ方が大きく変わると思うのです。野球の打者に期待するのもそうですし、駅の大便用トイレが一つだけ空いていたときも、瞬時に分数を浮かべてありがたみを噛み締めています。公営ギャンブルなども、まさに分数の楽しみではないでしょうか。

出会いもそうですよね。地球上にこんなにたくさん人がいて、いったい何分の一の確率で出会ったのかと思いますよね。受精もそうです。精子と卵子の途方もない分母の上に分子が成り立っています。

子育てにしても、ある程度の分数が適応されるのではないでしょうか。こちらのご家庭では3人のお子さんがいらっしゃいますから、現在は一人につき概ね3分の1で子育ての時間を費やされていると推測いたします。しかし、ご長男さんだけしかいらっしゃらなかった時期が6年ほどあります。その当時の分数はもちろん1分の1だったわけですから、これはなかなか大きな時間になります。

たっぷり仕込まれたお兄さんには、ぜひ弟や妹の躾を手伝ってもらいましょう。先ほどの子育て分数理論でいくと、子どもが多くなればなるほど、一人頭の躾の時間が少なくなります。でも、躾が少なくなるのは困りますよね。

子どもが3人で一人頭3分の1と暫定しましたが、これはお母さん個人の分数です。これに、お兄ちゃんの躾の分数を足しましょう。お兄ちゃんは弟と妹の2人の面倒を見ますから、一人頭2分の1です。分母を揃えて足し算すると、6分の2足す6分の3で、合計6分の5も弟妹は育てられていることになります。

お父様の子育ても含めて、更に一人頭3分の1を足しますと、6分の5足す6分の2で合計6分の7になります。充分な躾の量だと思います。

弟や妹が野菜を食べずにお菓子を食べたときや、ゲームを長時間やっていたときには、ぜひご長男さんに注意してもらいましょう。「そのためにあんただけ仕込んだんやから」と言ったら大爆笑でしょう。

長男に下の子の躾を手伝ってもらおう

お悩み

妻の浮気で離婚したことを娘に伝えるべき?

妻の浮気が原因で半年ほど前に離婚し、8歳の娘は現在自分と暮らしています。浮気は今も許せないですが、子育てはお互い親として協力していこうと話し合い、元妻は同じマンションの別フロアに部屋を借り、自分が夜勤で帰れない日は、元妻が娘を預かるようにしています。同じマンションに母親がいていつでも会える状態ということもあり、娘にはまだ離婚したことを伝えていないのですが、さすがにそろそろ違和感を持ち始めたようです。離婚したことを伝えるとしても、妻の浮気が原因だったことは伏せておいたほうがいいでしょうか。娘を傷つけないように現在の家族の状況を伝えるにはどうしたらいいでしょうか。

38歳男性・医療関係(長女8歳)

回答

心中お察しいたしますが、もちろん浮気なんていう用語をお嬢さんに伝える行為はダサいですので、やめてください。ダサすぎます。

仏教の基本的な教学によりますと、世の中で起こることは全て因縁によって生じているようです。因縁とは、原因または原因と結果の繋がりのようなもので、因は直接的な原因を表し、縁は間接的な原因を意味します。やはり離婚にも、そうなる原因があるはずです。ここではおそらく、元奥さんの浮気が直接的な原因で、他の何かが間接的に原因していたのでしょう。では、間接的に原因していたものとはいったい何なんでしょうか。もしかしたら、ご相談くださったお父さんには、思い当たるところがあるのかもしれません。それがもし、お父さんのうんこが臭すぎるという間接的原因だったとしたら、それを離婚の原因として娘さんに伝えるのはいいと思います。その行為は、全くダサくないと思います。逆に好感が持てます。

個人的な話で恐縮ですが、自分の娘には絶対にダサいと思われたくないんですよ。ですから、おならをするときも、強烈な音を出して娘が笑えるように努力していますし、もし臭いおならが出たときは、娘の鼻に届く前に全て吸い込みます。まるで空気清浄機のようです。空気を清浄にするお父さんを、どうして娘がダサいと思うでしょうか。思うはずがありません。

同じように、娘にもダサい人にはなってほしくないと思っています。だから、娘に何かの失敗があったとして、娘がその失敗を兄弟や友達のせいにしたりすると、すぐに怖い顔で叱っています。人のせいにしなかったら叱りません。失敗は失敗で大事な経験ですし、次の成功に繋がる助言だけをして、ほったらかしています。いろんな人に人生哲学を教えてもらいましたが、結局は、人のせいにする必要なんか全くないんですよね。もし自分以外の人が明らかに失敗の原因だったとしたら、その事実はこちらからわざわざ言わなくても、知らないうちに世間の周知となっています。そしてそんなことより、人のせいにしている人のその行為がダサく見られるわけです。

一生懸命、人のせいにしている上司や同僚を見たことはないですか。そら悪いのは他の人かもしれへんけど、そこまで自分が悪くないいて言わんでもええがな、と心の中で爆笑したことはないですか。

さて、お嬢さんを傷つけないように家族の状況を伝えるにはどうしたらいいかというご相談ですが、元奥さんを悪く言うとお嬢さんが傷つくおそれがあります。お母さんは綺麗でよくモテる人だから、お父さんにはもったいなかったんだよ、と嘯《うそぶ》いて、愛娘にモテてください。

浮気のことを娘に伝えるのはダサい

お悩み

娘が飼いたいと言った猫の世話を全然しない

どうしても猫が飼いたいという娘のために保護猫を引き取って飼いはじめて半年になります。飼うときに、自分で飼いたいと言ったのだから、トイレ掃除は娘がやると約束したのですが、ちゃんとやっていたのは最初の3か月ほどで、その後はすっかり親任せ。かわいがりたいときだけかわいがっている状態です。「あなたが掃除をしないなら誰もやらないよ」と放置したこともあったのですが、猫がかわいそうだし、トイレ以外の場所で粗相をされても困るので結局私が掃除をしています。動物を飼育することは責任を伴うことなのだとわかってもらうにはどうしたらいいでしょうか。

40歳女性・会社員（夫、長女8歳）

回答

これは、ペットを飼う家のほとんどが直面する問題ではないでしょうか。そしていつも最終的に、飼いたいと言いだしていない身内の人が世話をするようになるんですよね。また、その身内の人になぜ世話をするのかと聞いてみると、必ず、かわいそうだからと返ってくるんです。

猫は動物ですから感情の持ち主だと思いますが、そこに大きな論点があると考えられます。もし、娘さんが飼ってほしいのが猫ではなく、バイクだったらどうなっていたでしょうか。おそらく、初めてバイクが家に来たとき、娘さんは大喜びしたでしょう。そしてしばらくはバイクの世話をして、オイルが漏れたらそのオイルを拭いて、定期的にオイルエレメントも交換していたでしょう。

しかし何か月か経つと、娘さんはオイルの漏れを拭かなくなり、オイルエレメントも全く交換せず、とどのつまりエンジンの働きは鈍くなっていったであろうと推測できます。そこでお母さんはどうするでしょうか。代わりにバイクのメンテナンスをやってあげるでしょうか。やりませんよね。中古バイク買い取り屋に売りますよね。

でももし、お母さんが不調になったバイクのメンテナンスをすることになったら、お母さんは娘さんに何と言うでしょうか。それはおそらく、「なんでお母さんがこんなことせなあかんのよ」ですよね。

バイクだったらすっと出てくるこの愚痴も、猫となると出てこないんですよね。かわいいですからね。しかし、この切実な思いは娘さんに伝えるべきです。お母さんが猫のトイレ掃除をする度に、来る日も来る日も伝えるべきです。

「どうしてママがこんなことしなくちゃならないの」

微妙に言い方が変わることもあるとは思いますが、日々同じ内容を伝えるのは、教育における常套手段です。反復してあげると子どもは理解していきます。

ただ、お母さんの伝えたい真髄は、「あなたが飼いたいと言って飼っている猫なんだから、あなたが責任を持ってトイレ掃除をやりなさい」だと思います。しかし直接そう伝えるよりも、お母さん自身の苦労を訴えることによって、人間への思いやりも育めるのだと思います。

親の苦労を伝えて思いやりを育もう

おわりに

最後まで読んでいただきまして、ありがとうございました。貴重なお時間を拙著に費やしてくださった読者のみなさんには、心から感謝しております。

今さらですが、どちらかというとこれは随筆に分類される本だと考えられますので、つれづれなるままに書いた内容はご参考になるかはわかりませんが、お読みくださったみなさんのちょっとした娯楽となれれば幸いです。子育て論こそ人それぞれだと思っておりますので、こんな記述は独り言のおならだと爆笑していただけると助かります。とはいうものの、共感してもらえそうなところ、共感できないところ、いろんな感情を湧かしたり湧かさなかったりしながら読んでもらえたのではないかなと、にやけております。

また、こんな貴重な機会を与えてくださった『週刊ＳＰＡ！』さんには、感謝しかありません。この場をお借りしてお礼を申し上げます。ありがとうございます。そして、先ほども書きましたが、この本を読んでくださった読者の方々には、心から感謝しております。本当にありがとうございます。昔から、子育てに関しては、親同士の有意義な話し合いがあったはずです。そんな井戸端会議の一端を担わせていただいて、本当にありがとうございました。ご相談をお寄せくださった方々にも、お礼を申し上げます。ありがとうございました。みなさんのお悩みをお伺いできて、個人的にも子育てしていくうえで参考にさせていただいたところが多大にありました。みなさんと寄り添って子育てできている気がして、心強いです。

やっぱりみんなで子育てできる環境がいいと思うんですよ。地域ぐるみで子どもの教育に携わる風潮を広めたいんです。絶対に、子どもはいろんな人と出会ったほうがいいと思うんです。また、子どもの悩みを聞いてあげるおじさんでありたいし、すぐ褒めてくれるおっさんでありたいのです。

「字、綺麗やな」
「絵、上手なったな」
「靴履くの、早なったな」

「ご飯、綺麗に食べたな」

今も、子どもたちにはこんなことばっかり言っています。あと、「地球、ええ感じにしてくれてありがとうな」も言わなければなりません。

過去もそうだったように、今からもまた子どもが生まれて、成長し、その子どもの子どもがまた生まれて成長していきます。そんな流れの中に生きています。人類もまた、太古に生まれ、成長しています。特に、機械や技術、便利さの面において急成長しています。これからも成長していくはずです。しかし、その代償もあります。地球の温暖化は、その最たるものだと思います。人類の成長とともに地球は成長してくれません。衰弱していきます。地球の資源を採掘し、燃焼させて、温室効果ガスを過剰に放出しています。だめですよね。地球も、よりよい環境に成長してほしいですよね。そして、適度な雨、適度な晴れ、適度な気温、適度な川の流れに、適度な森林、適度な動物がいて、適度な穀物や野菜が収穫できるといった地球を維持したいですよね。夏がクソ暑いの嫌ですよね。

地球を正常な状態に直すためには、自然を大切にし、引き続き植物には光合成を頑張ってもらいながら、地球にとって余分な二酸化炭素やメタンガスを回収して、それを無害な気体に還元するような地球規模の装置を大々的に開発してもらわなければならないし、再生可能エネルギーのええやつを開発してもらわなければなりません。それをしてくれるのは今の子ども、つまり成長した人類しかいません。だから、先にお礼を言っておきたいのです。

がんばらない教育

発 行 日　2023年12月20日　初版第1刷発行

著 者　笑い飯 哲夫

発行者　小池英彦
発行所　株式会社 扶桑社
〒105-8070
東京都港区芝浦1-1-1
電話　03-6368-8875（編集）
03-6368-8891（郵便室）
http://www.fusosha.co.jp/

装 丁　竹下典子（扶桑社）

イラスト　とあるアラ子

校 正　小出美由規

印刷・製本　タイヘイ株式会社印刷事業部

ISBN 978-4-594-09676-2

初出
『週刊SPA！』2023年2月14日号～5月30・6月6日号。
連載時の原稿に大幅に加筆修正のうえ単行本化しました。